La Vague Scélérate

Tome 2 – Ressac

« …
Le monde a peur de se brûler les doigts
Évidemment
C'est la lumière qui brille qui brûle qui fait cuire
Et qui glace le sang
C'est la grande omelette surprise
Le soleil avec des caillots de sang
… »

Jacques Prévert
« Lumières d'hommes » – extrait

Note de l'auteur : pour des raisons de confidentialité évidentes, les situations relatées étant brûlantes d'actualité, chaque protagoniste de cette histoire n'est identifié que par son « prénom ».

Merci à mes enfants pour leur soutien, en espérant qu'ils ne vivent jamais ça !
Images de couvertures réalisées avec l'aide d'une IA.
Illustrations du texte : « Variation sur une Vague » (en couleur dans la version électronique) réalisées par l'auteur à partir de ses photos personnelles.
Maquette et couverture : Yoann Avanthey

NOTES DE L'AUTEUR :

Rappel du tome 1 – « Les Trois Sœurs »

Trois Vagues d'émigrations se lancent et menacent la stabilité des nations : derrière elles, les économies s'écroulent, vidées de leurs « derniers de cordées ».

La Première Vague naît à Ushuaia, en Amérique du Sud : un humble pêcheur de crabe regarde une émission sur sa télévision, décide de changer de vie et part, à pied, vers New York. Il est bientôt suivi par des centaines de milliers de personnes qui partagent son rêve insensé et utopique.

La Seconde Vague naît en Chine, d'une injustice. Un officiel, Han, kidnappe la femme d'un bucheron, Mandchou, qui décide d'aller la libérer. Ce simple geste déclenche une insurrection mandchoue qui se traduit très vite en un sanglant conflit armé. Celui-ci encourage à son tour une insurrection ouïghoure et la conjonction de ces deux courants permet la libération de millions d'esclaves modernes enfermés dans les camps de travail chinois. Onze millions de Ouïghours et de Mandchous décident de fuir la Chine et d'aller se réfugier au Tadjikistan voisin.

La Troisième Vague naît en Afrique du Sud d'une panne dans une usine de désalinisation de l'eau de mer. La soif mobilise les habitants des townships qui décident d'aller à Londres réclamer de l'eau et des pièces détachées pour leurs usines. Ils vont traverser l'Afrique de l'est pour remonter, en voiture et en camion, vers le Moyen-Orient et l'Europe, et leur Vague grossit au fur et à mesure des peuples qu'ils rencontrent et qui ont le même besoin : « We need water ! We need it now ! » – « Nous voulons de l'eau ! Nous la voulons maintenant ! »

Ces « Trois Vagues », les « Trois sœurs » vont se rencontrer, et former une « Vague Scélérate » qui va remodeler le monde.

Principaux chapitres :

X – TENSIONS

— Monsieur le Président, je suis content de vous avoir en ligne.

— *Moi de même, Monsieur le Président ! Vous allez bien ?*

— Ouais ! Trêve de salamalecs ! Comme je vous l'avais dit le jour de Noël, j'avais besoin de confronter l'analyse de votre consultant à mes experts.

— *Oui ?*

— Ils confirment ! Il existe un risque majeur de déstabilisation de tout l'hémisphère nord. Vous, plus que nous !

— *C'est-à-dire ?*

— Si je reprends cette dénomination de « Vague », la nôtre est plus simple à gérer que les vôtres. Nous avons affaire à des « marcheurs » pacifistes. En revanche, leur mouvement déstabilise toutes les économies sur leur passage. Ils ne sont pas encore arrivés au Chili que l'économie du pays régresse, que l'offre d'emploi bondit sans main-d'œuvre pour la satisfaire, et que des millions de personnes déclarent vouloir les rejoindre. L'Argentine va avoir du mal à s'en remettre, si elle s'en remet un jour. Nous avons un peu de temps avant qu'ils arrivent au Mexique… Nous verrons bien à partir de là. Et ils auront le Canal de Panama à franchir au préalable. Pour l'Afrique, c'est catastrophique : la troisième Vague crée le vide derrière elle. Pire que le vide : le néant ! Mais tant qu'ils n'atteignent pas le Moyen-Orient, ils ne représentent pas un réel danger.

— *Cela rejoint nos analyses, en effet.*

— Oui, et j'ai fait sauter quelques têtes pour n'avoir pu comprendre ça avant. Remerciez vos analystes de ma part.

— *Je leur transmettrais, Monsieur le Président.*

— Pour ce qui est de la révolte mandchoue puis ouïghoure, c'est beaucoup plus préoccupant. Nos informations concordent sur le fait que les Chinois se sont fait totalement berner par les Ouïghours. Ils attendaient la deuxième

Vague sur la frontière afghane, alors qu'ils convergeaient au nord, vers le Kirghizistan ! Fichu pays ! Je ne me souvenais même pas où cela se situait quand mes militaires m'ont rappelé que nous partagions avec les Russes une base aérienne sur place, depuis un bon bout de temps. Une base qui nous a aidés à transporter du matériel vers l'Afghanistan à une époque. Vous suivez ?

Le Président français, comme ses prédécesseurs, maîtrise bien l'anglais, et l'Histoire récente, ce qui lui a toujours été bénéfique dans ses relations internationales.

— *Oui, bien sûr…*

— Ah… Oui, c'est vrai… Je disais quoi ? Ah oui, le Kirghizistan… Vous rendez-vous compte que ce pays de 6 millions d'habitants est en train de recevoir de plein fouet une… Une « Vague » de onze millions… Onze millions ! … De réfugiés qui viennent s'ajouter aux Kirghizes, Ouzbeks et Russes déjà installés sur le territoire. Ils vont avoir des problèmes de nourriture, de logement, de ravitaillement en essence et gasoil. Bref, ils vont avoir besoin de tout. Sans compter les Chinois…

— *Les Chinois ?*

— Oui, les Chinois ! Ils sont furieux. Ils ont gagné la bataille de Tongliao, mais c'est une victoire à la Pyrrhus : ils ont perdu beaucoup d'homme, fait tuer de nombreux civils, détruit à moitié une ville économiquement importante, et ils n'ont pas capturé les rebelles mandchous. Ils sont humiliés, et ne vont pas en rester là.

— *Vous pensez qu'ils vont les poursuivre de l'autre côté de la frontière ?*

— Tous les indices que nous pouvons recueillir vont dans ce sens. Et encore une fois, nous avons une base militaire, sur place, et les Russes aussi. J'essaie de prendre contact – officieusement – avec Moscou pour tester leur réaction, mais nous avons là un problème immédiat qui peut déclencher une troisième guerre mondiale. Sans compter que les Chinois peuvent détourner notre regard en accentuant la pression sur Taïwan ou Pyongyang[1]. Deux zones à haut risque…

---

[1] Corée du Nord

— Nos… « Contacts » avec Moscou restent… cordiaux, Monsieur le Président. Nous pouvons les… « Stimuler » un peu… Mais que pouvons-nous leur dire ?

— Je compte sur vous, Monsieur le Président, c'est ce à quoi je pensais. Avec votre aviation, dont nous aurons peut-être besoin. Mettons nos ministres des « Affaires Étrangères[2] », comme vous les appelez, en relation, pour ajuster nos discours. Qu'en pensez-vous ?

— Tout à fait d'accord. Je préviens le mien dans l'heure qui suit, et d'ici quelques heures, ils pourront se mettre en rapport.

— Bonne journée, Monsieur le Président, et bon courage.

— Je vous tiens au courant, Monsieur le Président.

William, quatrième Président des États-Unis de ce prénom, regarde son écran vide en se grattant peu protocolairement la poitrine, et ses sourcils se froissent : ces Français sont toujours aussi imprévisibles. Créatifs, mais des bouffons – pas autant que les Italiens – et sans vraiment de moyens… En attendant, ils ont soulevé un lièvre, et cette fichue bestiole court très vite. Très, très vite !

BEIJING – CHINE – 31/12 – MOIS 3

Ils sont en tête à tête, ce qui ne manque pas de l'impressionner. Néanmoins, Hui Jin ne se fait aucune illusion : leur conversation sera enregistrée et classifiée.

— Asseyez-vous, Hui Jin !

Le ton de Zhang est doux, mais la moindre parole du Secrétaire Général, le Leader suprême, résonne comme un ordre. Hui Jin, le Général à trois étoiles Hui Jin, est ambitieux, mais face à l'autorité suprême, sa « victoire » à Tongliao vaut peu de choses. Il n'est pour rien dans la mobilisation des troupes à la frontière Tchéchène alors que les rebelles convergeaient plus au nord, mais tout est possible si Zhang cherche un bouc émissaire facile.

— Avant que vous ne soyez mobilisé par la commission d'enquête, je voudrais entendre votre version des faits.

---

[2] En français dans le texte.

Le général déglutit et commence son récit en essayant d'avoir une voix et un ton ferme. Mais Zhang l'interrompt bientôt :

— Avez-vous appris comment toute cette affaire a commencé ?

— Je le crois, Camarade secrétaire : un officier de l'APL, sur la frontière nord-est, a abusé de sa position pour kidnapper la femme d'un bucheron mandchou.

— Encore ce manque de femmes, n'est-ce pas ?

— Oui, Camarade Secrétaire… cela rend les hommes fous…

— Surtout s'ils sont corrompus ou s'ils sont imbus de leur petit pouvoir personnel. Très bien, continuez !

Avant de répondre à « l'invitation » du Leader suprême, Hui Jin avait demandé un état des usines détruites, des « centres de rétentions » « libérés », des pertes recensées de chaque côté… Et le bilan n'est pas positif. Néanmoins, il reprend chaque chiffre et les présente honnêtement au Secrétaire Général.

Quand il termine, au bout d'une bonne heure, le silence dure suffisamment longtemps pour le rendre nerveux. Mais Zhang reprend bientôt la parole :

— Bien. Vous avez fait ce qu'il fallait avec les moyens que vous aviez à votre disposition.

Hui Jin respire un peu… Mais Zhang continue :

— Les pertes sont lourdes, mais nous pouvons les retourner contre les rebelles. Juste un peu de communication sur les réseaux sociaux… La situation économique, en revanche, est catastrophique. L'inflation va bientôt mécontenter tout le monde : nos prévisions tournent autour de deux chiffres. Les experts s'interrogent et hésitent entre quinze et trente pour cent. Du simple au double : une horreur ! Le peuple va se révolter si nous ne lui présentons pas un os à ronger.

Zhang lui laisse le temps de digérer ces informations.

— Dans ce cadre, nous allons attendre la fin de la Commission d'Enquête, soit dans deux jours. Si ses conclusions sont positives – et j'insiste sur le fait que je n'interviendrai pas directement dans ses travaux – dans deux jours, je vous nommerai Général à quatre étoiles, et je vous confierai la mission de poursuivre ces rebelles, jusqu'au Kirghizistan s'il le faut. Nous en reparlerons bientôt. Vous aurez à votre disposition toutes les forces de l'APL et les forces aériennes de la Région. J'ai demandé une mise en alerte générale et un rapport de situation dans 48 heures. Normalement, nous sommes capables de mobiliser plus de deux cent trente mille combattants rapidement dans le secteur. Tout cela en dépit des pertes liées à la révolte des Ouïghours. Mais ils sont onze millions à vouloir passer la frontière, alors cela ne sera pas suffisant, je le sais.

Hui Jin a de nouveau perdu sa respiration. Son esprit aiguisé par des jours de combats prépare déjà la suite des évènements. Ses émotions oscillent entre la fierté d'une quatrième étoile et l'appréhension d'une mission qui peut le conduire au-delà des frontières de la République. Une première depuis des décennies…

— Je vais contacter Huáng Yǔháng, notre Chef d'état-major général pour lui indiquer mes décisions. Nous le verrons ensemble dans deux jours.

Hui Jin se lève, déjà épuisé par une journée qui n'est pas finie, et de loin. Il s'apprête à partir quand Zhang le retient par la manche :

— Je vous ai dit que je n'interviendrai pas directement dans le déroulement de la Commission d'Enquête, mais en sortant de ce bureau, vous trouverez mon avocat personnel qui vous aidera à vous défendre. Prenez une bonne demi-heure pour vous préparer, et bon courage, Camarade.

— Camarade Secrétaire, je vous remercie pour tout.

— Ne me dites pas que vous les avez perdus ! Ce n'est pas possible ! Des centaines de milliers de personnes qui marchent ne se volatilisent pas dans la nature comme ça !

— Nous ne savons pas ce qu'il se passe, Monsieur le Président, mais… Mais la… « Vague » a… Fondue ! Sur la route directe, il ne reste qu'une centaine de milliers de personnes, des femmes, des enfants, des vieillards, des familles… Les autres se sont… évanouis. Les images satellites américaines nous donnent bien des petits groupes éparpillés dans la pampa, mais ils ont tendance à disparaître, eux aussi, d'heure en heure, et jours après jours... Quelques villages se plaignent de pillages, mais très vite, ils se vident aussi de leurs habitants...

— Si vous m'annoncez que des extra-terrestres sont à l'origine de ces... disparitions, je vous fais exécuter, mon vieux ! Trouvez-moi une explication ! Il y avait des journalistes dans ce convoi ! Où sont-ils ? Trouvez-les et demandez-leur d'envoyer des reportages vers la capitale !

— Nous avons déjà essayé de les contacter, Monsieur le Président.

Le conseiller est quelque peu soulagé que la conversation s'oriente vers un « os » qu'il connaît, et de pouvoir répondre à son interlocuteur...

— Beaucoup ont disparu, Monsieur le Président... Ceux qui sont restés dans le convoi principal sont tout aussi perplexes que nous. Ils ne sont au courant de rien, et ne comprennent pas ce qu'ils vivent. Les principaux leaders de la marche ont aussi disparu : il reste un ou deux porte-paroles qui répètent en boucle que « tout va bien » et qu'ils « continuent de marcher vers Buenos Aires ».

— Des vieillards, des femmes et des enfants, vous dites ?

— Oui, Monsieur le Président...

C'est un homme d'action, et il n'a besoin que de quelques dizaines de secondes de réflexion pour prendre ses décisions :

— Alertez les services sanitaires. Ils ne sont pas encore là, mais... Nous aurons à cœur... D'aider et soigner ces malheureux. Et les soigner va prendre du temps, bien entendu, ce qui nous permettra peut-être de comprendre quelle est leur stratégie...

— Heu... Monsieur le Président... Je crains qu'ils n'apprécient pas si... Si cela prend *trop* de temps...

— Oui. Je sais ! Nous marchons sur des œufs, mais d'ici là, nous aurons tout le loisir de nous préparer... Ils sont où, là ?

— Le convoi principal se dirige vers Comodoro...

— Oh… C'est le centre industriel de tout le sud de la Patagonie… Si le mouvement d'aspiration continue, ils vont à nouveau gonfler leurs effectifs des travailleurs locaux…

— Heu… C'est déjà un peu le cas, Monsieur le Président. Les chefs d'entreprises de cette ville nous font savoir que les défections sur les chaînes sont nombreuses, et que le port tourne au ralenti, faute de dockers… Des familles entières attendent leur arrivée pour rejoindre « Ceux de la Vague », comme ils disent…

— Et vous attendiez quoi pour me le dire ?

— Heu… Nous allions vous en parler, Monsieur le Président… Nous sentons monter une tendance identique ici dans la Capitale. Nous avons demandé des chiffres, mais les industriels parlent d'ores et déjà d'une baisse de cinq pour cent de la production dans la région, due à une pénurie de main-d'œuvre…

— Qui vient s'ajouter au crack de la Bourse à cause des Chinois, c'est ça ?

— Oui Monsieur…

Le Président se permet alors de lancer à la cantonade une bordée de jurons fleuris qui étonnent ses interlocuteurs par leur diversité et leur origine cosmopolite, mais qui le soulage un peu de la tension et du stress qu'il ressent.

3ᴱ Vague – route de Beira – Mozambique – 01/01 – Mois 3

— Malcolm, tu as quelques minutes ?

— Ethan ? Oui, bien sûr…

Le journaliste est embarrassé, cela se voit.

— Je voulais te parler de notre chemin

— Notre chemin ?

— Oui : après le Mozambique, nous avons plusieurs choix. J'ai parlé à d'anciens militaires, et ils m'ont alerté sur certains pays.

— Vas-y !

— Si nous restons sur la côte, nous nous dirigeons vers la Tanzanie, et de là nous pouvons passer au Kenya. Jusque-là, ça devrait aller. Mais à partir du Kenya, nous allons nous trouver devant un vrai mur de violence : Somalie, Éthiopie et Soudan. Les groupes islamiques font des morts chaque jour dans ces régions, kidnappent des femmes et massacrent tous les étrangers. Sans compter les milices russes qui pillent les ressources, et les guérillas civiles, nous allons être en danger.

— Et les solutions ?

— Nous en avons peu… Les déserts, la misère, et la violence à l'est, les islamistes au centre. La Somalie ajoute à l'insécurité des problèmes sanitaires. Ceux de la Vague ne sont pas vaccinés, et nous risquons une épidémie mortelle de choléra. L'Éthiopie est en pleine guerre tribale. Des massacres sont régulièrement signalés. Le Soudan a un avantage relatif : il partage des frontières directes avec l'Égypte, l'une de nos destinations. Mais lui aussi n'est pas sans risque : la guerre des clans et des pouvoirs a fait des milliers de morts depuis plusieurs décennies.

— Oh… On ne voit pas tout ça quand on se déplace en avion…

— Non, et nous sommes en motos, voitures, et camions…

— Nous savions que nous allions avoir des problèmes de ravitaillement…

— Oui, avec quelques centaines de voyageurs, déjà, c'était compliqué. Nous sommes des centaines *de milliers*, aujourd'hui, peut-être un, ou même, bientôt, deux *millions*… Cela devient insoluble… Rien que pour traverser le Mozambique, nous allons accumuler les problèmes. Il y a une épidémie de choléra qui tue chaque jour depuis des années. Et dans le Nord-est, la province de Cabo Delgado est sous la coupe de terroristes particulièrement sanglants.

— Pour le choléra, nous devons faire passer le mot que l'eau est rationnée, et ne doit être consommée qu'après traitement.

— Oui, bien sûr, mais tu sais que la soif pousse les plus sages à la folie : ils sont susceptibles de boire n'importe quoi à n'importe quel moment. Nous avons quelques médecins, dans le convoi, mais ils seront vite débordés.

— Pour la sécurité, nous devons renforcer les équipes Swazis. Je vais en parler avec Thandwa et Zama : ils sont sérieux, et vont trouver des solutions.

— Je crois surtout que nous devrions faire une halte d'un ou deux jours pour en discuter avec le plus de monde possible. Que nous laissions le choix à « ceux de la Vague » de continuer ou de faire demi-tour, pendant qu'il en est encore temps.

Malcolm réfléchit quelques secondes…

— Oui, tu as raison. Nous avons besoin de nous organiser, et de trouver des leaders, dans le convoi.

— Des leaders, mais aussi des médecins, des infirmiers, des femmes-médecine pour les enfants, des guerriers pour la sécurité, des débrouillards en tout genre pour le ravitaillement.

— Oui, tout ça… Arrêt demain et nous lançons un conseil élargit. Fais passer le mot ! Merci Ethan…

— Normal, mon frère : nous sommes dans la même mélasse…

2ᴱ VAGUE – COL DE TORUGART – CHINE – 01/01 – MOIS 3

— Tu es Moustac ?

Le vieil homme approuve. La tempête est sévère, et il est content de l'abri précaire de la tente qui se dresse à côté du col.

— Bienvenue, et très heureux que tu aies pu arriver jusqu'ici. Je suis Erkin, le Chef de la résistance ouïghour en exil, et voici Arzu, ma femme et collaboratrice. Derrière le col, il y a des plateaux sur lesquels nous installons les marcheurs. Mais c'est provisoire : ils sont trop nombreux et ils doivent aller plus loin, vers les vallées et les villes.

Le flot de réfugiés, hommes, femmes, enfants, nourrissons et vieillards, est continu. Moustac a eu droit à un traitement de faveur, et un camion l'a emmené au col plus vite que ses troupes. Le passage est étroit, et beaucoup sont contraints d'attendre avant de passer la frontière.

Il contemple ses interlocuteurs : Erkin et Arzu présentent des traits plus occidentaux qu'asiatiques, et ils ne doivent pas dépasser la quarantaine, tous les deux. Mais Moustac ne pose aucune question : il est essoufflé, autant épuisé par le voyage que par le manque d'oxygène.

— Assied-toi, je vois que tu as le mal de l'altitude. Nous sommes à 3.752 mètres au-dessus du niveau de la mer, très exactement ! Moi, j'ai mis quelques jours à m'adapter, mais à présent, cela va.

— Merci.

— Je savais que tu arrivais, avec tes combattants, et je voulais t'accueillir en personne. Ta résistance, à Tongliao, nous a permis de libérer nos frères, et d'organiser notre transhumance vers le col. Nous avons une dette de vie envers toi et les tiens. Nous avons l'intention de nous installer sur ce nouveau territoire, mais aussi d'en défendre l'accès : dès demain, une équipe de mes guerriers va sécuriser le col, en vue d'en empêcher l'accès à l'armée chinoise. Il n'est pas question qu'ils nous poursuivent encore. Tiens, un peu de thé. Bien chaud. Et ce manteau.

Moustac n'est pas habillé comme eux. Il est encore en treillis, et grelotte dans l'air venant des glaciers alentour. La voiture qu'il a abandonnée, le matin même, était beaucoup plus chaude. Mais elle a rendu l'âme aux pieds du massif. Il a continué son chemin à pied, puis dans un camion cahotant et ouvert à tout vent.

Le thé lui fait du bien, et peu à peu, il retrouve du souffle et son cœur se calme.

— Merci mon ami. Mes combattants ont aussi besoin de repos.

— Mes équipes s'en occupent au fur et à mesure, ne t'inquiète pas.

— Merci.

— Repose-toi un peu. Les Chinois ne se sont pas encore remis de leurs défaites, et nous avons quelques jours devant nous. Cette tente est à toi. Dormir, à cette altitude, c'est une bonne façon de commencer la nouvelle année des Occidentaux. Et ainsi, tu pourras accueillir les tiens quand ils arriveront.

— C'est la nouvelle année ?

— Pour l'Occident, oui. Nous, nous fêtons notre premier jour de liberté retrouvée. Nous en reparlerons demain.

Moustac sent ses membres se réchauffer : un poêle à bois et à bouse de yack ronronne dans un coin, et le bruit des marcheurs, dehors, en est atténué. Il repense à sa fuite : un combattant mandchou sur quatre était resté sur le terrain, à Tongliao, pour la plupart tués. Pour certains, des volontaires, ils avaient continué à harceler l'APL[3] pour les retarder. Ils n'avaient pas tous survécu à l'encerclement. Mais pour les fuyards, cela avait marché, et ces héros avaient permis au reste des troupes de progresser rapidement vers l'ouest et le nord-ouest. Cela représentait quelques dizaines de milliers d'hommes et de femmes qui avaient renoncé à tout, à leurs familles, à leur vie d'avant, pour suivre Moustac et sa rage d'une vie meilleure et plus juste. Sur leur passage, ils avaient incendié quelques usines à esclaves, pendu quelques dignitaires et officiels corrompus, fait déguerpir des responsables du PSB[4], récupéré des armes, des munitions et des équipements de toute nature. Arrivés dans la province du Xinjiang, ils avaient pu constater les restes de la révolte ouïghoure : les villes et villages étaient désertés, les usines arrêtées, les forces officielles démantibulées, les populations Han désorientées, abasourdies par la violence des évènements.

Retrouver la masse des populations ouïghoures en déplacement représente donc l'assurance de continuer à résister à l'oppression.

Le lit de camp est spartiate, mais le duvet isolant, et Moustac s'endort bientôt, des images de violence dans la tête, mais en sécurité pour la première fois depuis des semaines…

Beijing – Chine – 02/01 – Mois 3

— Félicitations, Général : voici votre quatrième étoile.

Hui Jin se redresse encore plus : il rayonne de fierté, mais son estomac est noué, et il craint que cela ne se voie. Il est sorti blanchi de la commission d'enquête, et son président, un vieux général en retraite, l'avait même félicité à la fin. Mais Zhang l'avait immédiatement convoqué dans son

---

[3] Rappel : Armée Populaire de Libération
[4] Rappel : Bureau de la Sécurité Publique

bureau et lui avait présenté la suite des évènements, tels qu'ils les avaient préparés avec ses principaux alliés. Cette réunion conjuguait donc ce décorum de promotion, et la mise au point d'un plan d'action à l'échelle de toute la Chine.

Zhang épingle une médaille sur son uniforme et lui donne l'accolade, suivi par Huáng Yǔháng, le Chef d'état-major général de l'APL.

Ils sont rassemblés dans une salle sécurisée au sein de la Cité Interdite, pas très loin de la Place Tian'anmen, la si mal nommée[5].

L'assemblée, en grand uniforme, mobilise un Conseil de Guerre qui ne veut pas dire son nom. La réunion est confidentielle, et les mesures électroniques les plus sévères sont déployées contre d'éventuelles écoutes.

Les principaux généraux de l'APL et du PSB sont là, et suivent la cérémonie d'ouverture sans manifester le moindre sentiment : ils savent par avance que la suite ne va pas être particulièrement festive.

— Asseyez-vous !

Le ton du Leader suprême confirme leurs appréhensions. Chaque chaise est assez inconfortable, mais personne ne se risque à un geste déplacé ou à la moindre expression émotionnelle.

Zhang regarde l'assemblée avec sévérité. L'imbécile qui a tout déclenché est mort depuis longtemps, mais personne n'a prévu cette « Vague », comme disent les Occidentaux, de révoltes sanglantes et destructrices.

Il avait demandé une enquête, et chacun des responsables se devait de répondre à des questions incisives sur son emploi du temps dans ces dernières semaines, mais aussi sur son organisation de collecte d'informations sur son territoire.

Cette enquête a d'ores et déjà permis de détecter des corrompus et des incompétents. Pour les premiers, les familles vont bientôt recevoir la facture des exécutions[6]. Pour

---

[5] Tian'anmen veut dire « Place de la Porte de la Paix céleste ».
[6] Authentique.

les seconds, la déchéance avait été immédiate, ainsi que leur remplacement, et les cas les plus désespérés attendaient que les usines rouvrent pour commencer leur « stage » ouvrier.

Il rompt enfin le silence pesant pour faire, lui-même, le résumé des semaines passées.

— La situation nécessite que j'intervienne personnellement dans la suite des évènements. Voici déjà un premier bilan.

Le discours du Secrétaire Général dure une bonne heure, dans un silence « religieux ». Il ne se contente pas de faire un bilan matériel, humain et financier des émeutes, mais il présente aussi leurs conséquences politiques. Pour finir, il avance ses conclusions et les suites à donner envisagées.

Parmi elles, la poursuite des Ouïghours rebelles « où qu'ils se trouvent ».

Tous les présents comprennent l'allusion : « même s'ils se trouvent au Tadjikistan ». Mais personne n'ose lever la main pour poser des questions…

MOSCOU – RUSSIE – 05/01 – MOIS 3

— Monsieur le Président, nous avons le Président américain en ligne.

— Bon, passez-le-moi.

Vladimir a succédé à feu Poutine dans des conditions difficiles, et il n'est pas encore habitué aux relations internationales. Il ne parle pas anglais, ce qui l'oblige à passer par une IA spécialisée, et elle n'est pas fiable à 100 %.

Et, comme il n'est pas, non plus, particulièrement diplomate, il se sent obligé de contrôler plus que d'habitude son vocabulaire : une situation désagréable !

— Allo ?

— *Monsieur le Président ?*

— Ah, William ? C'est bien moi ! Appelle-moi Vladimir !

Il a décidé à la dernière seconde, contre l'avis de ses conseillers, de jouer la carte de la proximité, par-dessus le protocole. Il sent bien que son interlocuteur en est surpris, et cela le fait jubiler. Il vient de marquer un point, et c'est déjà ça de pris.

— C'est Axel, le Président français qui m'a convaincu de t'appeler.

Le tutoiement est un plus que l'IA ne pourra pas traduire correctement, mais que les analystes américains ne pourront que détecter. Pour une première, entre les deux dirigeants, les nuances et les symboles sont importants.

— *Ah oui… Il… vous a dit pourquoi je voulais que nous nous parlions ?*

— Cette histoire chinoise, oui…

— *Nos satellites nous indiquent qu'une concentration de troupes chinoise se dirige vers le Col de Torugart…*

— … qui donne accès au Tadjikistan et par lequel les Ouïghours sont en train de passer.

Les choses sérieuses commençaient.

— *Oui…*

— Merci pour les documents envoyés ce matin.

— *Dans cette affaire, nous recherchons la transparence. Nous craignons, vu la quantité d'hommes et de matériels, côté Chinois, que cela présume d'une intervention… au-delà de la frontière.*

— J'ai demandé à mes pilotes d'aller faire un tour sur cette frontière, pour voir ce qu'il s'y passe, et les informations rapportées confirment l'arrivée massive de millions de Ouïghours qui fuient la Chine. Des millions ! Bien sûr, mon ambassadeur a contacté le Président Kokhir qui est très inquiet. Des millions de Ouïghours, c'est largement plus que ce que son armée peut gérer, et même que le pays peut absorber.

— *Nos ambassadeurs l'ont aussi contacté et en effet, il était déjà débordé par les incursions tchétchènes et il est complètement affolé par la situation.*

— J'en étais arrivé à la même conclusion, William.

— *Merci… Vladimir…*

Il a mordu à l'hameçon : une bonne chose.

— *… d'où mon appel à ce que nous coordonnions nos forces et nos stratégies. Si les Chinois passent la frontière, ils voudront se débarrasser de nos deux bases aériennes, et, sans doute, annexer rapidement le Tadjikistan.*

Vladimir avait envisagé ce dérapage de la situation : une guerre ouverte avec, en toile de fond, les armes nucléaires qui stationnent sur ces frontières instables.

— Malheureusement, ni toi ni moi, William, n'avons les moyens d'arrêter les Chinois s'ils décident cela. Nos bases sont plus symboliques que capables de stopper les divisions de l'APL. À moins…

— *À moins d'utiliser une bombe nucléaire tactique.*

— Oui… Nous nous comprenons, William !

— *Problème ! Si la guerre est déclarée avec la Chine, nous allons devoir faire évacuer nos bases aériennes. Si les Ouïghours tiennent bon, pas de souci. S'ils reculent, leur socle de replis sera l'Ouzbékistan. Ils ont là-bas une communauté culturelle importante.*

— Mais, deuxième problème ! Les Ouzbeks refusent toutes possibilités d'installation de base militaire étrangère sur leur sol. Ni toi, ni moi, ni les Chinois d'ailleurs !

— *Oui, justement…*

— Tu crois qu'ils accepteraient la médiation du « coq » français ? Axel est bien vu là-bas… Nous pourrions nous replier sur un terrain ni russe ni américain…

Le silence lui répond.

Faire appel aux Français pose toujours un problème aux Américains : ils ne craignent pas leurs actions commerciales, souvent ridicules, mais ils se méfient de leurs capacités à innover et à ne pas suivre les règles établies.

Et c'est réciproque, d'ailleurs : les Français se méfient des Yankees pour leur capacité de tricher au poker menteur.

Vladimir, lui, les aime bien, les Français : ils ont le sens du luxe, une culture vivante, et savent boire sans rouler sous la table au bout de cinq minutes, sans provoquer une bagarre, comme les Américains au bout d'une demi-heure.

— *Très bien… Vladimir. C'est une bonne idée. Je propose une conférence Visio tripartite d'ici ce soir, d'accord ?*

— Ce soir ? Avec les décalages horaires, cela va être un peu compliqué. Laissons nos spécialistes organiser cela, dans… Disons d'ici deux ou trois heures, au plus ?

— *Ok, Vlad !*

— Ok, Wil !

Le très sérieux et très grave président russe sourit, mais cela ne se voit pas au bout d'une ligne uniquement audio.

XI – PRESSIONS

— J'espère que tout se passe bien, Micaela, je suis inquiet.

— Tu es inquiet parce que tu ne maîtrises plus rien, Ignacio ! Hombre ! Tu n'es pas omnipotent ?

Elle se moque gentiment de lui, et il hésite entre l'irritation et l'amusement. Il la regarde marcher, à ses côtés, et il sent une bouffée d'amour le traverser. Elle a changé, depuis leur rencontre, seulement deux ou trois mois auparavant. Elle s'est… « remplumée » ? Un peu plus ronde, un peu plus rayonnante.

Là, ils sont dans la pampa, au milieu de nulle part, en avant-garde d'une « murmuration[7] », comme ils l'ont appelé. Il se sent vulnérable sans la longue colonne des marcheurs derrière lui. Ils ont délibérément fait éclater leur groupe, avec un point de rendez-vous bien à l'ouest de Buenos Aires, la capitale, où des troupes organisées et bien entraînées les attendent. Chaque marcheur doit réduire leur regroupement à deux, trois ou quatre personnes, ou à une famille, seulement, et se déplacer vers le nord-ouest à travers la pampa avant de se rabattre vers leur point de rencontre « secret ». Ceux qui passeraient plus au nord devraient attendre la Vague qui les rejoindrait.

Seuls, restent dans le convoi sur la route nationale, les vieillards, les familles avec des nouveau-nés, et les malades. Mais comme les femmes de ce pays sont fortes et robustes, beaucoup avaient pris la route quelques heures ou quelques jours après leur accouchement, leurs bébés emmaillotés dans le dos.

Ce qui rend le plus fier Ignacio, c'est que le secret a bien été gardé. Il a plusieurs fois testé les journalistes étrangers, toujours à l'affut de nouvelles croustillantes, et il a pu

---

[7] Mouvement de groupe des oiseaux (pigeons, étourneaux…) qui se déplacent par milliers, comme un « nuage » coordonné pour échapper aux prédateurs. La murmuration décrit le bruit des ailes en mouvement.

constater leur totale ignorance de ce qui se préparait. Une indiscrétion est toujours possible : un gamin qui parle trop, un gars qui s'enivre à la veillée, un fier-à-bras qui veut montrer qu'il est dans la confidence… Et en une nuit, pratiquement, tout le convoi s'est égaillé dans la nature. Une dispersion qui allait durer quelques semaines, sinon plusieurs mois. Le chemin est long jusqu'à la route du Chili.

— On peut s'arrêter quelques minutes, j'ai besoin de souffler.

— Oui bien sûr !

Avant de s'enfoncer dans un creux de colline, Ignacio fait un tour d'horizon du regard pour tenter de déceler une présence humaine, ou le signe d'un puma qui les aurait pris en chasse. L'une des consignes de la « murmuration » est simple, mais pas simpliste : « si vous voyez un marcheur de la Vague, c'est que vous êtes trop prêts. Éloignez-vous vers le nord ou ralentissez ».

Il sait être le premier des couples à la pointe des mouvements : ils ouvrent le chemin. C'est un risque, mais aussi, pour lui, c'est important. Depuis qu'il a pris en main le grand bâton de marche de Joaquin, il se sent investi de la responsabilité de tout ce qui arrive. Seule, Micaela parvient à l'apaiser. Mais elle semble épuisée, essoufflée, et ses joues creuses, sur une silhouette un peu ronde, montrent que leur régime alimentaire laisse à désirer. Lui-même a maigri, et la faim le tenaille un peu trop pour qu'il arrive à l'oublier. La Pampa est riche de bétail, mais réparti sur un territoire immense, ils n'en croisent pas tous les jours. Alors ils vivent de cueillette, et le soir ils posent des collets autour de leurs camps. Souvent, ils repartent le matin les mains vides, et le ventre aussi. Le moindre ruisseau est susceptible de leur offrir du poisson, néanmoins pêcher à la main nécessite de la patience et du temps.

Ils esquivent les haciendas : les propriétaires restent hostiles aux étrangers, et tirent plus vite qu'ils ne discutent. Les petits hameaux isolés sont plus accueillants, mais la consigne des marcheurs est commune : éviter de se faire repérer, éviter tout contact avec les petites villes et les villages, ne jamais parler de la murmuration. Bien sûr, en cas d'urgence, ces consignes deviennent caduques.

Le couple a pu constater au fil des jours et des nuits que les péons les plus isolés ont entendu parler de leur quête, et que les plus pauvres ne cessent de vouloir les aider, sinon de les accompagner. Ici et là, des maisons vides témoignent du départ volontaire de leurs occupants, sans doute vers la capitale, ce Buenos Aires aussi convoité que fantasmé. Parfois, ils rencontrent des vieillards que la Vague a laissés derrière elle. Des coquillages sur la grève, abandonnés par la marée, mais heureux de voir que leurs enfants et leurs petits-enfants ont repris l'espoir d'une vie nouvelle. « À New York », disent-ils invariablement à la question de savoir vers où sont parties leurs familles. La plupart ne savent pas où se situe « New-York », et ils ajoutent toujours « vers le nord ».

Ils avancent aussi vite que la fatigue le permet. Les longues marches silencieuses en solitaire dans la pampa ont un côté hypnotique qui consolide leurs relations.

Pour Ignacio, c'est aussi l'occasion de se vider l'esprit, d'éviter de se faire du souci pour le millier de problèmes posés par la Vague. Pour s'occuper, il puise dans sa mémoire des histoires transmises par son grand-père, autrefois.

Les légendes confiées aux veillées, depuis la préhistoire des hommes, parlent des migrations comme la leur : un couple décide un jour de partir à la conquête d'un nouveau territoire. Leurs motivations sont multiples : échapper à un environnement hostile, vivre tranquillement leur amour sans le regard jaloux d'un prétendant concurrent, ou simplement la curiosité propre à l'espèce. Ils marchent des jours, sans jamais rencontrer personne, jusqu'à trouver leur pays de cocagne, à eux.

C'est à ce moment de ses ruminations qu'Ignacio prend conscience d'un évènement bien particulier, qui les concerne directement, tous les deux… Les légendes, tout bien considéré, ont du bon…

Il retourne ses conclusions longtemps dans sa tête, à la limite de l'obsession, puis, d'un coup, il se décide à rompre le silence. Il doit en avoir le cœur net.

— Tu es enceinte ?

C'est logique : le dynamisme de sa compagne, entre-coupé de malaises soudains, sa pâleur et sa chaleur…

Micaela se contente de sourire, un sourire de bonheur.

— Viens, continuons !

Contrairement à lui, elle ne s'est pas arrêtée, se contentant de le dévisager, et de lui sourire. Il la rattrape en quelques foulées, et prend tendrement la main qu'elle lui tend.

— Je n'ai pas vu un médecin depuis longtemps, et nous n'avons pas particulièrement pris des précautions…

— Tu… Tu le sais depuis combien de temps ?

— Ah ! Les mystères féminins… J'attendais d'en avoir la confirmation avant de t'en parler, mais mon corps réagit déjà et j'en suis intimement persuadée.

— La… confirmation ? C'est pour quand ?

— À mes prochaines règles, dans quelques jours. Mais oui, je suis surement enceinte. Tu en penses quoi ?

Micaela a étudié beaucoup plus que son compagnon, et elle manipule certaines idées plus facilement que lui. Comme il est curieux de tout, et intelligent autant qu'elle, leur couple fonctionne bien depuis le début. Mais les principes de son éducation empêchent l'homme d'imaginer « les règles » des femmes, et une grossesse comme des choses naturelles de la vie. Ces « mystères » sont ceux des femmes, pas des hommes ! Elle comprend vite ses réticences et l'aide à débloquer sa parole :

— D'avoir un bébé, je veux dire ?

Ça, c'était une idée qu'il pouvait envisager.

— C'est… C'est merveilleux… Mais notre marche…

— Che, hombre ! Tu vois bien que cela ne m'empêche pas de marcher ! Nous verrons bien plus tard, quand mon ventre deviendra plus encombrant ! Alors ? Cette idée de devenir père ?

— Oh… Oui… Je…

Elle éclate de rire, ce qui le fait rougir au-delà du hâle dû au soleil et à la texture de sa peau. Puis, se ressaisissant, il la prend par le bras et l'arrête pour la plaquer contre lui.

— Je t'aime !

— Doucement, grosse brute ! Ne me secoue pas comme ça !

Il rougit encore plus, mais son sourire lui dit qu'elle se moque gentiment de lui, et leur baiser, au milieu de nulle part, est passionné, à l'image de ces vieilles légendes de la préhistoire.

La neige tombe dru, il fait une nuit noire, mais les guerriers cachés dans la neige s'en moquent un peu.

Moustac est de ceux-là. Il sait que la confrontation est imminente. Ses troupes n'ont pas arrêté de tuer des éclaireurs chinois, mais il sait que plusieurs, certainement, ont réussi à retourner vers leur camp de base. De toute manière, s'il est possible d'empêcher des éclaireurs d'avancer, un fantassin ne peut pas atteindre les satellites qui gravitent loin au-dessus d'eux.

L'APL a mobilisé une force impressionnante pour les déloger du col. Des blindés, de l'artillerie, et une troupe estimée à une dizaine de milliers d'hommes. Moustac n'a que cinq cents combattants, pas d'artillerie et pas de blindés. Son seul avantage réel est dans la motivation des Ouïghours et des Mandchous rescapés, qui ont rapidement fraternisés, et qui sont déterminés à en découdre avec les Chinois – les Hans – et dans la configuration du terrain : ils tiennent le col, et il est étroit.

Il y a aussi de l'aviation qui circule, au loin. Les chasseurs Shenyang J-11 et les hélicoptères Harbin Z9 chinois n'ont pas encore franchi la frontière, mais cela ne va pas durer, quitte à provoquer les F22 Raptors américains et les Soukhoï SU-35 russes.

Erkin et Arzu ont été contactés par des officiels du Kirghizistan accompagnés de deux officiers étrangers : l'un russe, l'autre américain.

Les Kirghizes ne peuvent rien faire contre la Vague ouïghoure. Pragmatiques, ils leur demandent simplement de ne pas piller leur pays. Mais ils ont très peur des forces chinoises qui s'accumulent à leur frontière. Les deux bases aériennes étrangères, russe et américaine, sont en état d'alerte. Leurs émissaires apportent des armes et des munitions en grande quantité. Pour la première fois de leur histoire, les deux adversaires coopèrent pour se préparer à affronter les Chinois. Les Kirghizes, eux, ne se font pas d'illusion : leur pays risque l'annihilation dans le conflit qui s'annonce.

Les guerriers du col disposent de nouvelles munitions et d'armes automatiques pour tenir deux jours. Après, ils devront se replier.

Dans leurs bagages, les Américains ont apporté des missiles sol-air contre les hélicoptères, sol-sol contre les blindés, des équipements de vision infrarouge en cas d'attaque de nuit et des systèmes de communication. Les bagages russes comportent des drones de repérage et de bombardement, et des mines antipersonnel. L'aviation n'interviendra que si les avions chinois passent la frontière. Contrer les hélicoptères reste de la responsabilité des troupes au sol.

Moustac ne connaît pas vraiment l'homme qui l'accompagne comme son ombre et fait la liaison avec les troupes ouïghoures. Il a juste appris à l'apprécier, à apprécier son humour, et surtout, son efficacité.

— Mon Oncle, c'est pour cette nuit.

— Je sais, mon ami.

— Nos guetteurs entendent des bruits en provenance de la vallée. Selon nos estimations, ils devraient être au contact d'ici une heure.

— Trois heures du matin, c'est une bonne heure pour attaquer. Dis aux hommes qu'ils ont encore une heure de sommeil devant eux. Fais appeler Arzu pour qu'elle prévienne tout le monde !

— Toi aussi, mon Oncle, tu dois te reposer.

— Oui, moi aussi…

Il entend l'homme se glisser dans la poudreuse et ramper vers une autre position où il sait qu'un tireur d'élite se cache. Moustac ne peut pas dormir, bien entendu, et goûte chaque seconde comme si elles étaient les dernières de sa vie, ce qui risquait d'arriver.

Il sait que les familles... Les millions de familles ouïghoures continuent leur migration vers Bichkek, la capitale, pour avancer ensuite vers l'Ouzbékistan et le Turkménistan, a priori destination ultime de cette « Vague »... Si les Chinois leur en laissent le temps... Et si les populations locales les accueillent pacifiquement.

Il pense qu'il ne reverra sans doute jamais sa province natale, ses amis et sa propre famille, du moins ce qu'il en reste. S'il survit, il suivra les Ouïghours dans leur course vers l'ouest.

En quelques jours, il a appris à aimer ce coin de planète : les montagnes alentour sont majestueuses, solides, avec un brin d'éternité qui lui plait. Un bon endroit pour mourir, sans doute.

Une mine explose, quelque part en contrebas.

— C'est parti !

Moustac n'a pas entendu l'homme revenir.

Comble d'ironie, ils se parlent et se comprennent en mandarin, la langue de l'oppresseur.

— Ils sont encore loin. Nous avons placé des mines un peu partout presque sous leur nez.

Le ton est cynique, et Moustac s'en offusque :

— Ne les sous-estime pas, mon ami. Ils sont bien armés, disciplinés, préparés. Les mines vont les retarder, les rendre méfiants, faire quelques blessés, mais ils vont trouver une parade et avancer quand même. Je te parie qu'ils sont tous équipés de lunettes infrarouges pour nous dénicher dans la nuit et dans la neige.

— Oui, mon oncle. Voilà pourquoi nos équipes ont été équipées de fusées flash pour rendre ces lunettes inutilisables.

— Nous en avons beaucoup moins, et cela les limitera les nôtres, tout aussi inutilisables.

Une autre mine, au loin.

— Ils devraient nous envoyer l'artillerie, avant l'infanterie.

— Oui, mon Oncle, et pour ça, je ne peux rien.

Moustac a été nommé chef de toute la troupe, mais les Ouïghours sont les plus nombreux, et pour une partie d'entre eux, son pouvoir doit encore être soumis à l'épreuve du feu.

— Nous allons avoir des pertes, s'ils ont remarqué que nous avons changé de position.

Moustac dispose d'un système de communication avec les différents chefs répartis sur le col, mais il sait aussi que s'il s'en sert, les risques de repérage par l'ennemi seront multipliés par cent.

Les Américains avaient été clairs, à ce sujet : après un message général, il avait quelques dizaines de secondes pour se déplacer et se mettre dans un autre abri avant de subir une charge précise de l'artillerie ou d'un drone kamikaze. Ils n'avaient pas pu – ou pas voulu – leur donner un équipement de brouillage. Quand les combats seront engagés, si l'aviation chinoise intervient, des AWACS[8] américains ou leurs équivalents russes soutiendront les chasseurs alliés, et brouilleront les communications et les détecteurs chinois. Mais pas avant.

— Tout va dépendre de la position des satellites au-dessus de nous au moment où nous avons bougé…

— Que de « si » ! Nous manquons de tout…

— Et pas eux… Mais nous avons des tripes…

— Et pas eux !

Les deux combattants se sourient sans se voir. Un peu de bravaches ne peut pas faire de mal.

Ils réajustent leurs toiles anti-détection, au-dessus de leur tête. Fournies par les Américains, elles couvrent les guerriers isolés dans la neige en empêchant leur chaleur d'irradier vers le haut, d'un côté, et neutralisent les radars, de l'autre. La composition spéciale de la toile absorbe une partie des ondes de détections. Elles ne disparaissent pas, au risque de créer un « vide » dans les images reconstituées, et au contraire, elles les dispersent. L'image recomposée au final tend à ressembler à une bosse de terrain, ou à un léger creux. C'est un pis-aller qui ne tient pas aux cinq premières

---

[8] Airborne Warning & Control System – Avions de détection et de commandement, bourrés d'électroniques, reconnaissables à leurs grandes tourelles radars aérodynamiques au-dessus de la carlingue.

minutes du feu, mais qui peut permettre d'obtenir l'avantage. Ces « capes d'invisibilité » se décomposent rapidement avec le temps, mais les combattants ont reçu pour consigne de les emporter quand même, s'ils reculaient. Les Chinois n'ont pas à connaître ce dispositif.

À trois heures pile, le bombardement commence.

Moustac sourit : ils avaient vu juste ! Les roquettes et les obus tombent à cinq cents mètres derrière eux. Cinq cents mètres, c'est la distance qu'ils ont parcourue, volontairement dissimulés sous leurs capes « d'invisibilité » radar et infra-rouge. Les services de renseignement chinois ont noté leurs dernières positions, et réglé l'artillerie dessus, en poussant les distances de cinq cents à mille mètres.

L'attaque est monstrueuse, et violente : les obus tombent drus, en rangs serrés, avec des sous-munitions interdites qui créent un tapis d'explosions dantesques. Moustac est néanmoins rassuré : il ne voit pas de dégagement de gaz.

Le bruit est assourdissant, d'autant plus qu'il rebondit sur les montagnes alentour. La lumière des déflagrations montre des avalanches de glace et de pierre déclenchées par les vibrations.

Pendant une demi-heure, missiles et obus ronflent au-dessus d'eux avant de s'écraser, derrière eux.

Et soudain, tout s'arrête. Les oreilles de Moustac sifflent longtemps, mais le silence revenu est lourd de signification. Les choses sérieuses sont encore à venir.

Il réajuste ses lunettes infrarouges : rien ne bouge encore. Le col a retrouvé sa sérénité. Il espère que les guerriers postés sur les flancs des montagnes n'ont pas été touchés par les avalanches. Un risque qu'ils n'avaient pas vraiment anticipé.

Des dizaines de moteurs de blindés se mettent en marche, en contrebas. Les troupes ne vont pas tarder à suivre. Les satellites russes ont confirmé que, à cette altitude, l'APL n'avait pu déployer des chars lourds, avides en oxygène. Mais ils ont les obusiers de transports de troupes WZ551 à six roues, plus rapides dans les côtes et plus maniables. Des machines de combat redoutables, mais pas autant que les lance-missiles antichars FGM-148 Javelin des Américains. Largement utilisés contre les Russes en Ukraine, et plutôt en Irak, en 2003, contre les T-62 et T-72, ils ont fait leurs preuves. Quand bien même les forces combinées mandchoues et ouïghoures n'ont pas reçu les dernières versions, ils en ont en quantité suffisante pour stopper la première offensive chinoise. La formation des servants avait été ultrarapide, mais l'idée est de les utiliser en attaque directe : 60 mètres. À bout portant ! Les deux charges creuses du missile peuvent largement transpercer les blindages des WZ551.

Moustac sourit en repensant au militaire américain qui lui a fait signer un « bon de livraison » : chaque poste de tir coûte 125.000 $, et chaque missile, 78.000 $. Nul doute que la note finale sera délivrée, si les rebelles gagnent… Business is business, et il n'y a pas de petits profits… Les Américains savent y faire !

Les mines antipersonnel commencent à sauter, en aval, et les cris des blessés montent vers eux. C'est l'inconvénient d'une attaque nocturne, pour les assaillants : les mines n'ont pas de chaleur propre, et restent invisibles aux détecteurs infrarouges.

De quoi ralentir la progression de l'ennemi.

Le bruit des moteurs s'accentue. La consigne est de ne tirer qu'à bout portant avec les missiles, qui ouvriront le feu en premier. Les Chinois ne sont pas des imbéciles, et ils n'exposeront pas tous leurs matériels en même temps, mais les rebelles sont expérimentés, et disciplinés, et Moustac n'a aucune crainte sur leur capacité à évaluer la situation.

Le premier blindé apparaît dans son champ de vision, et Moustac se recroqueville dans son trou de neige. Il attend la suite.

Des explosions, un peu partout, indiquent que les mines font leur sinistre travail. Le WZ551 ne tire pas encore : il manque de cibles. Il est équipé d'un système simple de grosses chaînes qui, grâce à un tambour, frappent le sol devant lui, pour faire sauter les mines. Un dispositif peu coûteux et efficace, inventé lors de la Première Guerre mondiale… Cela crée un rythme syncopé, ponctué de défla-grations, qui ne serait pas désagréable si la situation n'était pas aussi critique.

Moustac entend enfin le bruit du lancement d'un missile antichar, suivi presque immédiatement par une explosion plus forte que les autres.

— Feu ! Feu ! Feu !

Et l'enfer se déchaîne.

Par sa meurtrière de neige, il voit les soldats sortir du WZ endommagé. Le poste de pilotage, le canon et la tourelle ont été détruits par le missile, mais quelques survivants sortent par la porte arrière du transport de troupes. Ils sont immé-diatement cueillis par les tireurs embusqués.

Une fusée éclairante s'élance dans le ciel, et des sil-houettes mouvantes s'écroulent sous les tirs rebelles. Un deuxième missile fait sauter un nouveau WZ qui tente de pousser le premier dans le fossé. Les balles sifflent au ha-sard au-dessus de leurs têtes. Elles sont si nombreuses que certaines atteignent des cibles, aléatoirement. Mais la pre-mière ligne de combattants de l'APL recule, laissant plus de la moitié de ses hommes sur le terrain.

— Recul !

Moustac, au micro, demande à ses hommes de se replier sur deux cents mètres. Forte de ce premier feu, l'artillerie chinoise va pouvoir rectifier ses distances et pilonner ce qui leur semble être la ligne de front des rebelles. Mais comme pour la première salve, il n'y aura plus personne.

Sa couverture de survie sur la tête, Moustac court pour sauver sa peau et plonge dans le refuge élaboré à l'avance, suivi de près par son adjoint.

Deux cents mètres, c'est toujours mortellement dange-reux pour les assaillants, et protecteurs pour les défenseurs. Ils ont prévu une troisième et dernière ligne, plus loin encore, avant une retraite totale.

Il a à peine retrouvé son souffle que l'artillerie chinoise entre en jeu. Comme prévu, elle pilonne la position qu'ils viennent d'abandonner. Le bombardement dure un bon quart d'heure, et s'arrête d'un coup. Le silence retombe sur le col, mais au bout de quelques minutes les obus repren-nent leur charge infernale, en élargissant le périmètre visé.

— Les Chinois apprennent vite…

— Oui, il ne faut surtout pas les sous-estimer…

— Des pertes, chez nous ?

— Aucune idée… J'ai entendu des cris… Blessé ou mort, je n'en sais rien… Et dans notre repli, j'ai vu des hommes soutenus par leurs camarades.

— Ils arrivent !

Les salves d'artillerie cessent, et cinq WZ sortent de la pente. Derrière, des colonnes d'hommes profitent des passages dégagés par les blindés et leurs chaînes pour avancer.

Les assaillants sont arrivés à leur position précédente, et les WZ tirent sans discontinuer, au hasard dans les cent mètres devant eux. Les fantassins se dispersent pour explorer les trous de neige, et le moindre rocher qui émerge. En vain, bien entendu.

Moustac voit les fantassins se détendre un peu, quand les missiles Javelins entrent à nouveau dans la danse : en quelques secondes, les cinq blindés sont détruits, et les soldats survivants obligés de se coucher dans la neige pour éviter d'être touchés par les balles des rebelles.

L'échange de feu dure plus longtemps, cette fois-ci.

Deux nouveaux semi-chenillés apparaissent, aussi vite dévastés. Les Javelins ont une portée de plus de deux kilomètres : une fois la cible verrouillée, elle ne peut plus s'échapper. Deux servants supplémentaires, postés à l'arrière, ont été spécialement désignés pour se charger des éventuels hélicoptères qui arriveront bientôt sur le champ de bataille. Ses blindés détruits, l'APL n'allait pas tarder à les utiliser. À cette altitude, ils auront du mal à évoluer, mais resteront de redoutables adversaires.

Les soldats de l'APL ne semblent pas manquer de munitions, contrairement aux rebelles. Quand ils n'en ont plus, ils reculent se mettre à l'abri et sont remplacés par de nouveaux combattants.

La force rebelle a pour consigne, elle, de ne pas reculer, et n'a pas vraiment la possibilité de se ravitailler. Chaque balle doit toucher sa cible, et ils respectent consciencieusement cette instruction.

La bataille dure depuis deux heures. L'aube pointe son nez sur les montagnes, et le ciel s'éclaircit, quand bien même la neige continue de tomber. Les Chinois accentuent leur pression et Moustac entend le battement sourd des hélicoptères qui arrivent sur le champ de bataille.

Dès qu'ils sont en vue au-dessus de la crête, ils lancent des salves de missiles vers les positions rebelles. Impossible de reculer, cette fois-ci, et des corps désarticulés volent dans tous les sens. Trois Harbin Z-9[9], des machines de combat polyvalentes, effilées, de conception un peu vieillotte, mais mortellement rapides et maniables.

Un premier Javelin en fait les frais. Tiré de loin, il est vite repéré par le pilote de l'hélicoptère qu'il prend pour cible. L'appareil s'échappe dans une « marche arrière » désespérée, et vers le haut en crachant des leurres, inutiles, mais spectaculaires. Les deux autres pilotes, sans doute distraits par la fuite de leur camarade, ne voient pas venir les deux missiles suivants, et les appareils explosent à quelques secondes d'intervalle. Ils s'écrasent sur des combattants de l'APL qui tentent désespérément d'échapper aux morceaux incandescents qui leur tombent dessus.

Une explosion, au loin, et l'apparition au-dessus de la ligne d'horizon du troisième hélicoptère, montrent que le premier missile est arrivé à bout de carburant sans avoir trouvé sa cible. Mais le pilote opère un demi-tour prudent et disparaît dans la pente.

Avec la fuite de leur soutien aérien, les fantassins marquent le pas, et leurs tirs deviennent sporadiques.

— Recul !

À nouveau, les rebelles se replient, vers leur troisième position, protégés par des snipers qui tirent sur toutes les têtes chinoises qui dépassent. De cinquante mètres en cinquante mètres, les snipers reculent à leur tour, protégés par une ligne de combattants qu'ils remplacent.

---

[9] Nommés « Haitun » par l'OTAN

— Monsieur, un rapport du col. Les rebelles ont détruit deux hélicos, endommagé un troisième, et neuf WZ… Nos missiles ont fait du bon boulot.

— Intéressant, à transmettre à Washington, mais il leur reste un paquet de blindés et une douzaine d'hélicos. Les troupes au sol ?

— Les rebelles reculent plus vite que prévu. Les pertes chinoises sont innombrables, mais ils ont des réserves tout aussi innombrables…

— Avec la perte de leurs hélicos, ils vont avoir envie d'envoyer l'aviation. Prévenez les Russes que nous lançons nos avions et que nous avons besoin d'appuis.

— L'AWACS est en vol depuis le début de l'offensive, vers trois heures. C'est lui qui nous donne le plus d'info.

— Oui, et il peut tenir longtemps. Lancez aussi un ravitailleur, qu'il se tienne loin du front, mais prêt à intervenir, à la demande. Et que les autres se préparent à le remplacer si nécessaire.

— Objectif pour nos forces ?

— Ce qui a été convenu : contenir l'aviation chinoise derrière la frontière, y compris en ouvrant le feu. Ne pas passer en Chine, bien entendu. Et si les Chinois insistent ou nous dépassent en nombre, repli sur la base.

— Bien mon général.

— Et à toutes et tous : préparez vos bagages ! Si les Chinois avancent, ils ne mettront pas longtemps à arriver ici, alors nous devons être prêts à nous replier vers l'Ouzbékistan. Les Français sont en train d'y installer une base aérienne correcte. Je ne sais pas comment ils s'y sont pris, mais c'est ainsi : ce sont eux qui vont nous « inviter » sur le sol ouzbek.

— Depuis le temps que nous essayons…

— « No comment ! » C'est comme ça, et négocié au plus haut niveau. Et les Russes seront de la partie !

— Sur la même base ? Cela ne sera pas facile…

— Non : les services de sécurité sont sur les dents. Si je comprends bien, la base sera divisée en trois zones, avec les Français au milieu. Ils ont décidé d'y envoyer des Rafales en renfort dès que les pistes seront opérationnelles.

— Whaou ! Je sens que cela va être un peu folklorique…

— Toujours rien ?

— *Toujours rien !*

— *Non plus.*

Les trois Soukhoï SU-35 russes naviguent en formation serrée à 9.000 mètres d'altitude. Ils sont largement au-dessus de la mer des nuages, et le paysage des hautes montagnes qui en émergent est superbe. Mais les trois pilotes n'en profitent pas trop. Même à vitesse réduite, ils doivent en permanence surveiller leur position pour éviter de franchir la frontière chinoise.

Ils ne craignent pas l'affrontement à venir. Leurs appareils sont des merveilles de maniabilité que les Américains, et encore plus les Chinois leur envient. Tout est possible, dans un conflit, comme de découvrir à ses dépens une amélioration déterminante chez l'ennemi. Et tous les pays travaillent d'arrachepied, et dans le plus grand secret, pour tenter de trouver ce « petit plus » qui fera la différence, et finalement, tout s'équilibrait assez bien. En dernier ressort, ce sont les pilotes qui font la différence.

Mesures et contre-mesures, arme offensive et défense active, tout est possible… Leurs Soukhoï, sans changer de numéro officiel, ont été « customisé » avec des nouveautés ultra-secrètes qui doivent servir en combat. Ils ne doutent pas un seul instant que les F22 Raptors américains aient subi les mêmes « améliorations ».

La seule inconnue, dans cette histoire, est la capacité du nouveau Chengdu J20 – le « Black Eagle », comme le surnomment les Américains – à surpasser en situation de combat les chasseurs des deux nations alliées aujourd'hui.

À l'origine, les Russes avaient fourni un moteur au J20, mais les livraisons avaient rapidement été arrêtées avec la « priorité » ukrainienne.

Les Chinois étaient réputés pour leur capacité à copier les technologies étrangères, et leur réputation n'avait pas failli en la matière : en moins d'un an, le J20 était devenu le fer de lance de l'aviation de l'APL, avec un propulseur chinois.

Plus lourd et plus grand que les Soukhoï et les Raptors, il dispose donc d'un moteur plus puissant, mais gourmand. Il coûte cher, aussi, et son envergure peut se transformer en handicap, en situation de combat. En revanche, il dispose d'une IA embarquée sophistiquée qui aide au tir et à la navigation. Américains et Russes n'en sont pas encore tout à fait là.

Cette patrouille devient ennuyeuse quand un appel de l'AWACS américain leur indique qu'une patrouille de F22 Raptors va les rejoindre.

Un frisson commun secoue les corps des trois pilotes. Est-ce le signe que les choses sérieuses vont bientôt commencer ?

2^E VAGUE – COL DE TORUGART – KIRGHIZISTAN – 06/01 – MOIS 3

— Il nous reste des missiles ?

— Quelques-uns, mais ils sont inutiles contre les troupes au sol.

— Oui, je sais… Gardons-les en réserve. Nous ne pourrons jamais tenir contre cette horde de fantassins, et nous devons assurer la survie de nos hommes.

— Tu penses qu'il nous faut battre en retraite ?

— Au moins jusqu'au bout du plateau. Ce col, là-bas, me semble intéressant pour bloquer une nouvelle fois le passage aux Chinois. Nous ne pouvons pas les retenir ici, mais nous pouvons créer un deuxième « bouchon » pour les retarder. Aller plus loin au Kirghizistan va leur poser un problème diplomatique épineux.

— Espérons ! Je lance la retraite !

— Toujours la même tactique : des snipers pour les retarder, et chacun pour soi vers le deuxième col. Nous devrions pouvoir nous regrouper d'ici le milieu de l'après-midi.

— J'ai entendu des avions, mais haut dans le ciel.

— Oui, les Russes et les Américains patrouillent, mais il y a des limites à leur protection. Si les Chinois envoient leur aviation, nous allons avoir de nombreuses pertes. Que tout le monde se dépêche de plier bagage.

— *Les Russes sont devant nous !*

— On les colle ! Formation en delta à droite.

— *T'es sûr ? Pas à gauche ?*

Droite ou gauche, c'est toute la différence pour savoir qui commande la patrouille commune.

— Droite ! Soyons aimables !

Le jeu du chat et de la souris, les pilotes de l'US Air Force connaissent bien. Durant des années, du temps de la cohabitation sur un même territoire, ils y ont joué avec leurs homologues russes, à la limite du tir instinctif. Des deux côtés, des généraux y ont perdu leurs cheveux… Ensemble, mais sans se mélanger, ils s'étaient retrouvés dans un « salon de thé » qui leur était « réservé », à Bichkek. De beuverie en beuverie, de défi en défi, de querelles en échange de toasts, ils avaient appris à se connaître, à s'apprécier, à se respecter.

Les trois Raptors se positionnent en ordre impeccable sur la droite de la patrouille russe de Soukhoï SU-35 qui évolue à la limite du décrochage. Les pilotes se saluent à distance, de la main, au travers des cockpits.

— Zdravstvuyte, tovarishchi !

— *Je vois, John, que ton russe s'améliore ! Bravo !*

— Merci Aksana ! Ton anglais me fait toujours un effet terrible ! Spasibo, Aksana ! Tvoy anglicus vsegda proizvodit na menia uzhasnyy effect !

La cheffe de patrouille russe est une superbe blonde d'origine ukrainienne qui fait loucher tous les mâles des deux bases. Mais elle est mariée, et fidèle, au grand désespoir de tous, et toutes…

— *Là, c'est moins bon…*

— J'espère que tu viendras me corriger mon accent, ce soir au « mess » ?

— *Peremirie steba*[10], *John. Nos copains, en bas, n'apprécient pas vos missiles Javelin. Nos renseignements disent qu'ils ne vont pas tarder à lancer leur chasse sur les rebelles, de l'autre côté de la frontière.*

— Même info de notre côté. Des Chengdu J20, sans doute de la dernière génération.

— *Nous avons l'autorisation de frappe, mais seulement s'ils dépassent la limite.*

— Nous aussi.

— *Problème : ils risquent de lancer leurs missiles depuis leur territoire sans que les appareils franchissent la frontière.*

— Nos instructions sont claires : nous détruisons les missiles.

— *Nous aussi !*

— Alors nous sommes en accord. J'aime ça Aksana !

— *Spokoyny, ognenny kon !*[11] *Si nous passions encore quelques minutes à nous entraîner en formation ?*

Les quatre autres pilotes, qui écoutent l'échange, rient de bon cœur. Mais John reprend la parole :

— À toi l'honneur, Aksana !

Elle lève la main pour le saluer depuis son cockpit.

— *Plongée d'attaque 1.000 mètres à droite !*

Les ordres s'enchaînent les uns après les autres, pour que les Américains s'habituent à la terminologie russe, toujours à vitesse réduite pour économiser du carburant. Et peu après, Aksana passe la main à John pour une opération inverse.

Les six pilotes sont expérimentés. Ils maîtrisent leurs nerfs aussi bien que leurs puissants appareils, et le pilotage aux instruments, dans la purée de pois et les bourrasques de neige, n'a plus de secrets pour eux.

Ils reprennent bientôt leur vol circulaire à haute altitude.

— À toi, Aksana !

— *Bravo messieurs. Tout ceci était impeccable.*

L'alerte radar retentit dans tous les cockpits : l'aviation chinoise est de sortie !

---

[10] « Trêve de badinage »
[11] « Du calme, Cheval fougueux ! »

— Trois Chengdu ! Je répète trois Chengdu et une escorte de six J11 !

Les J11 sont des chasseurs légers redoutables de maniabilité, plus rapides en manœuvre de combat que les Chengdu J20, parce que plus légers. S'ils sont moins bien armés, et moins bien soutenus par l'électronique, ils sont tout aussi efficaces en combat rapproché.

— À neuf contre six, nous allons avoir des problèmes.

— Oui, je n'en doute pas ! Je demande des renforts !

— Moi aussi !

— À tous ! N'oubliez pas : nous ne devons pas franchir la frontière ! Nous allons nous concentrer sur les missiles air-sol qu'ils vont tirer, mais gardez des réserves pour la suite. Eux, ils n'auront sans doute pas les mêmes scrupules ! Surveillez votre carburant et vos munitions !

Cinq clics retentissent pour signifier qu'ils ont bien compris les paroles d'Aksana.

Tous leurs systèmes d'armes déverrouillés, leurs radars de détection émettant à pleine puissance, les six appareils volent en formation serrée à proximité de la frontière. Russes et Américains ont prévenu leurs hiérarchies qui les enjoignent à la prudence tout en mobilisant leurs flottes respectives. Les six pilotes subissent la même tension précédant le combat, et des pensées circulent sur une fraternité inusitée : les deux nations se sont le plus souvent opposées dans l'Histoire, et ce qui se passe ici pourrait devenir le début d'un conflit mondial dévastateur. Les trois protagonistes disposent de la bombe atomique, quand bien même les Américains restent les seuls à l'avoir utilisée contre un ennemi.

— Deux missiles air-sol !

— Trois ! Quatre !

— Nous nous en occupons ! Surveillez les J11 !

— OK John ! Pour l'instant, ils ne bougent pas de leur position de patrouille de l'autre côté de la frontière !

La tension est maximale : les trois Raptors plongent vers les missiles chinois ! Ils n'ont que très peu de temps pour les éliminer : alors qu'ils sont dans les nuages, des charges antimissiles guidées par l'IA du bord se précipitent vers leurs cibles. Deux interceptent leur adversaire, mais deux vont se perdre dans la pente qui mène au col, droit sur des colonnes de soldats en marche. Techniquement, ils viennent de violer la frontière chinoise, mais personne ne s'en offusque. Sauf leur adversaire…

— *Les J11 se précipitent vers vous ! Nous ne pouvons pas tirer tant qu'ils n'ont pas passé le col.*

— On décroche ! Merci Aksana !

Les deux missiles chinois survivants trouvent leur cible et l'explosion envoie en l'air des tonnes de terre et de pierres. Quelques snipers rebelles sont certainement tués dans les déflagrations, mais les cibles sont grandement vides de combattants, une fois de plus.

À la dernière seconde, les six J11 virent, trois à trois, pour éviter de franchir la frontière. Ils n'ont pas tiré une seule cartouche, mais c'est passé juste.

— Un avertissement ! Et la prochaine fois, ce sera la bonne !

— *Certainement…*

— *Tir des Chengdu ! Six missiles air-sol !*

Profitant de la protection des J11, les Chengdu se sont approchés du col et ont lancé leurs missiles qui se sont précipités dans la trouée. Les lourds appareils font une montée en chandelle pour se retrouver à hauteur de ceux des Russes, mais toujours sans franchir la frontière.

Opérant un demi-tour, les Raptors accrochent leurs cibles et lancent leurs propres missiles antimissiles. Ils vident ainsi leurs réserves. Ils n'avaient pas prévu une telle opposition…

Comme les tirs ont été produits un peu à contretemps, seulement deux missiles chinois sont interceptés en hauteur, et les quatre autres au ras du sol. Les explosions mêlées des missiles et de leurs opposants sont dévastatrices.

— *Attention, les J11 se dirigent droit vers vous !*

Le face-à-face semble inévitable, et la frontière reste une barrière que les Raptors ne doivent à aucun prix franchir.

John voit la forme vague, mais menaçante des J11 se précipiter vers lui.

Il maintient son doigt sur le bouton d'armes, et sait que le premier qui tirera fera perdre son camp.

Le dernier y perdra la vie.

— À trois, chandelle ! Un ! Deux ! Trois !

Les Raptors s'élèvent vers le ciel dans une démonstration de force et d'agilité impeccable.

Et les J11 en font autant de leur côté.

Aucun pilote n'a franchi la frontière.

Aucun pilote n'a tiré le premier !

Tous, Américains et Chinois, suent à grosses gouttes et tentent de reprendre le contrôle de leur cœur.

— *Bravo John ! Je crois que cela va être à nous ! Les Chengdu sont à notre hauteur et manœuvrent en rond.*

— OK Aksana ! Nous nous replions vers l'arrière du plateau.

John reçoit un message de félicitations de l'AWACS qui suit leurs acrobaties et a enregistré leurs dernières prestations. Mais il n'a pas le temps de lui répondre.

— *Attention, tir de missiles air-sol ! Deux !*

— On s'en occupe ! Les Chengdu n'ont plus de réserve : ils risquent de vous tester aussi !

Les Raptors opèrent un demi-tour serré pour intercepter les deux missiles : ayant épuisé leurs roquettes antimissiles, ils doivent user de leurs canons et tirer au plus près. Une opération à haut risque, surtout qu'il reste une demi-douzaine de J11 en embuscade.

Un message de l'AWACS précise que les diplomates russes et américains font, eux aussi « feux de tout bois » auprès des Chinois pour éviter une escalade. Et que les renforts arrivent.

— Ne tirez qu'à coup sûr, nous allons peut-être avoir besoin de nos canons ultérieurement.

Les IA ajustent les trajectoires, et les canons se déchaînent suffisamment pour détruire les deux missiles en vol.

— Banco ! Retour sur le col !

— *Les Chengdu se dirigent vers nous ! Frontière dans quelques secondes.*

John frémit : il est trop loin pour aider efficacement Aksana. C'est peut-être un nouveau coup de bluff, ou pas. Mais lui aussi peut bluffer !

— On vient t'aider !

— *Les J11 arrivent en renfort !*

Il entame un demi-tour serré, suivi par son escouade, et lance la postcombustion pour se précipiter vers les Soukhoï.

Tout se joue encore sur la frontière… Cette barrière immatérielle qui se dresse entre leurs adversaires et eux.

À 4.500 km/h de vitesse relative face à face, à 9.000 mètres d'altitude, les quinze appareils se dirigent les uns contre les autres. À cette vitesse, les IA sont les seuls maîtres à bord. Et tout dépend de la manière dont elles ont été programmées.

Les J11 se mettent en position de tir autour des Chengdu, et les radars de tir des quinze appareils se verrouillent sur leurs cibles.

À quelques secondes près de la « dead line[12] » où tout devient possible, les neuf avions chinois s'écartent de leur trajectoire pour… revenir sur leurs traces.

— Demi-tour ! On décroche !

— *On arrive les gars, tenez bon !*

— *Les renforts ? Pas mécontente de vous voir, les garçons !*

La voix d'Aksana marque sa fatigue et son soulagement. Ils n'étaient pas passés loin de la déflagration.

— *Eh ! Il y a aussi des femmes, ici !*

— *Silence sur la fréquence !*

John sourit à la vie. Une douzaine d'avions de chasse des deux nations arrivent au-dessus du plateau pour les appuyer.

— *Très bien, Aksana et John, vous avez fait du bon boulot ! Nous prenons le relais. Vous pouvez retourner à vos bases recharger les batteries.*

Des cris de joie chez leurs équipiers ponctuent cette déclaration.

— *Silence sur la fréquence ! Vous allez avoir besoin d'un peu de repos, les prochains jours s'annoncent difficiles. Les*

---

[12] La « ligne de la mort » – limite de démarcation.

troupes au sol ouïghour reculent. L'APL a passé le col et s'installe sur le plateau.

— D'accord, on rentre !

Les six appareils, les trois Russes et les trois Américains, reprennent leur formation de patrouille et, au-dessus de la mer de nuages, se dirigent calmement vers Bichkek, la capitale.

— Ya ugoshchu tebya napitkom, Aksana ![13]

— Pas ce soir, John ! Ya slomlen ![14] Mais je retiens l'intention ! Et ce ne sera pas un, mais des verres ! Et tu rouleras sous la table avant moi ! Zdorovye ! Santé !

— Pari tenu !

Bichkek – Kirghizistan – 07/01 – Mois 3

— Les Chinois s'installent sur le plateau derrière le col, mon général. Le flux d'hommes et de matériel est continu. Ils avancent lentement, mais ils déminent et investissent le plateau à 70 %.

— Donc, techniquement, ils ont violé la frontière ?

— Oui, mon général, depuis deux jours. Les diplomates n'obtiennent rien des Chinois, seulement des phrases du type « nous poursuivons des rebelles », et « c'est une affaire interne à la Chine ». L'ONU a été mise dans la danse, mais la Chine a un droit de veto, comme nous, et ils savent s'en servir.

— La baignoire ne va pas tarder à déborder, alors ! Dès qu'ils arriveront au bout du plateau, ils attaqueront. Qu'en disent les Russes ?

— Ils attendent des instructions, comme nous. Je crois que les présidents se parlent, et qu'ils n'ont pas envie du tout de déclencher la Troisième Guerre mondiale...

— Comme tout le monde, même si le nôtre aurait bien envie que les regards de Beijing se détournent de Taïwan...

— Les Français sont prêts ?

— Ils ont fait du bon boulot en Ouzbékistan, on doit leur reconnaître ça. La base internationale est en passe d'être

---

[13] « Je t'offre un verre, Aksana ! »

[14] « Je suis crevée ! »

opérationnelle. Leurs premiers Rafales ont atterri sur place, et ils ont une centaine d'hommes, des commandos parachutistes de l'air, qui assurent déjà la sécurité.

— Bon, transmettez à l'Air Force que nous continuons comme à présent, et que tout risque de se dégrader d'ici… Combien ? Combien de temps pour qu'ils arrivent au bout de ce fichu plateau ?

— À leur vitesse actuelle, une semaine. Mais ils peuvent accélérer, ou attendre de nouveaux blindés. Nos missiles leur ont détruit une partie de leurs stocks.

— Ok, que les équipes restent en veille active de niveau deux, et que cela risque de passer au niveau un à la fin de la semaine. Toujours les mêmes consignes : pas d'implication au sol, même avec des hélicos ! On surveille, et on ne tire que si l'aviation rentre dans la danse par-dessus la frontière. Et là, pas de cadeaux !

— Bien mon général.

— Et prévenez les Russes et les Kirghizes de notre position. Que deviennent-ils, ceux-là ?

— Les Kirghizes ? Ils ont peur : les « barchys » de tout le pays…

— Les quoi ?

— Les « barchys » : des sortes de chamanes, tout aussi bardes que guérisseurs.

— Ah ? Continuez !

— Donc, les « barchys » de tout le pays annoncent la venue des « dragons chinois » et « la fin des temps ». Alors, les peuples retrouvent leurs origines nomades, ils plient les yourtes et rejoignent les convois ouïghours qui se dirigent par ici.

— Encore la « Vague »…

— Pardon ?

— La « Vague », ce mouvement qui semble faire bouger des millions de personnes tout autour du monde… Vous n'en avez pas encore entendu parler ?

— Heu… Non, mon général…

— Et bien, vous feriez mieux de vous renseigner, mon vieux ! Il y en a trois, en ce moment, qui empêchent bien des dirigeants de dormir. Une, qui est partie d'Ushuaïa et qui se dirige vers New York, la deuxième que nous avons dans les pattes, et une troisième, qui est partie d'Afrique du Sud avec pour ambition d'aller chercher de l'eau à Londres.

— Heu…

— Renseignez-vous ! Nous avons besoin de comprendre ce qu'il se passe ici. Les Chinois se sentent toujours à l'étroit sur leur territoire. S'ils se moquent de la frontière et envahissent le Kirghizistan, les tribus kirghizes vont rejoindre les Ouïghours. À eux tous, ils seront quinze ou seize millions à avancer vers l'ouest, à cheval, en moto, en voiture, en camion, ou même à pied, avec arme, bagage et animaux de compagnie.

— Quinze millions ?

— Oui ! Ou même vingt ! Rien à voir avec les boat people de la méditerranée : de quoi mettre une sacrée pagaille devant eux ! Ils ne pourront résister à l'avancée chinoise sous peine de perdre les femmes et les enfants qu'ils ont emmenés dans leur fuite. Alors ils pousseront vers l'ouest ! Mettez une équipe sur le coup. Renseignez-vous et je veux un rapport dans la semaine.

2ᴱ VAGUE – PLATEAU DE TORUGART – KIRGHIZISTAN – 08/01 – MOIS 3

La neige s'est arrêtée de tomber, et un soleil timide est revenu sur le plateau. La couverture nuageuse s'est un peu levée, suffisante pour voir les hélicos arriver, mais il n'y en a pas…

Moustac perçoit l'agitation des Chinois : ils déminent, et apportent de l'artillerie. Ils ont appris de la première leçon, et ne vont pas sacrifier des troupes alors qu'un barrage d'artillerie, à distance, peut effectuer le travail.

— Les snipers sont toujours en action ?

— Oui, mon Oncle, mais… Avec la levée du mauvais temps… Ils sont de plus en plus vite repérés, et éliminés. Les Chinois apprennent vite et ils sont efficaces.

— Oui, j'avais la même idée… Nous ne tiendrons pas longtemps, ici.

— La « Vague » arrive à Bichkek. Les Kirghizes les accueillent bien. Mais les Américains et les Russes sont pessimistes. Ils pensent que les Chinois vont annexer le Kirghizistan. Ils concoctent leur départ vers l'Ouzbékistan.

— Un domino plus loin…

— Heu…

— Laisse tomber… Essaie de joindre les snipers et dis-leur de revenir. Nous ne tiendrons pas, ici ! Que tout le monde prépare le départ pour midi. Direction Bichkek : nous serons plus utiles là-bas.

L'homme part exécuter ses ordres, mais Moustac le retient encore :

— Demande aux mineurs de préparer une avalanche sur les deux flancs de la montagne. Nous pouvons quand même les retarder… Voyons… Ils vont commencer à bombarder ici, d'ici demain, sans doute, puis ils donneront l'assaut, après-demain. Donc, les charges devront exploser dans trois jours. Quand le col sera plein de Chinois rassurés.

— Ce ne sera sans doute pas prêt à midi.

— Nous partirons à seize heures, alors, juste avant la tombée de la nuit. Que les éclaireurs préparent le chemin !

— Bien, mon Oncle.

— Dernière chose, préparez des leurres : que l'ennemi croie que nous sommes encore là ! Des casques qui dépassent des rochers, des bouts d'aluminium qui bougent dans le vent et qui renvoient la lumière. Sacrifiez aussi quelques chevaux en pâture, ceux qui ne tiendront pas le coup sur la route. Allumez des feux avec des charges à retardement.

Le gars sourit : l'idée d'une farce lui plaisait beaucoup…

— Je m'en occupe, mon Oncle.

3ᴱ Vague – Gurùé – Mozambique – 09/01 – Mois 3

Malcolm a toujours vécu non loin de la mer, et il découvre un paysage de montagnes. Du moins ce qu'il peut en voir entre deux averses ! Gurùé est à 700 mètres au-dessus du niveau de la mer, et à 300 km de l'océan Indien. Un sommet à plus de 2.400 mètres pèse sur la petite ville sympathique, mais débordée par leur arrivée. L'air est saturé d'humidité, de quoi abreuver les immenses plantations de thé de la région.

Des représentants des exploitants étaient venus rencontrer Malcolm, apportant des ballots de thé, des tisanes, des boissons et des médicaments issus de leurs plantes, et le suppliant de ne pas emmener les cueilleurs. L'absence de main-d'œuvre allait les ruiner.

Malcolm, s'il accepta le tribut en nature, au nom de « la coutume », ne leur répondit pas. En réalité, « Ceux de la Vague » avaient amplement fait provision de feuilles, « pour la route », à la moindre occasion, « en passant ». Ils avaient été aidés par les pauvres – les cueilleurs, femmes et enfants pour la plupart – qui les avaient rapidement rejoints.

La caravane grossit, jour après jour, et Malcolm a renoncé depuis longtemps à compter les « marcheurs ».

« Ceux de la Vague » commencent à s'organiser. Les dons des nouveaux arrivants sont collectés dans de bonnes conditions. Marchandés et troqués, ils payent l'essence, la nourriture, et les médicaments. De nombreux véhicules, avec leurs chauffeurs, agrandissent à intervalles réguliers la caravane. Le mauvais état de la plupart d'entre eux les laisse vite sur le bas-côté, mais ils sont aussitôt réparés, ou revendus et remplacés très rapidement, « à l'Africaine »… Le convoi s'étale à présent sur des dizaines de kilomètres et les derniers ont besoin de plusieurs heures pour rejoindre les premiers arrivés à l'étape.

Alors, les quelques babioles distribuées par les grandes industries locales n'impressionnent personne : « Ceux de la Vague » ont pleinement conscience de leur force.

La police locale a été renforcée par une escouade venue de la capitale, qui se contente de contrôler la circulation. Sur les 150.000 habitants de Gurùé, plus de la moitié veut rejoindre « Ceux de la Vague », et personne n'y peut rien…

PLATEAU DE TORUGART – KIRGHIZISTAN – 10/01 – MOIS 4

— Mon général ?

— Oui ! qu'est-ce qu'il y a encore ?

Hui Jin est d'une humeur exécrable. Les massacres de ses troupes, de ses blindés et de ses hélicoptères sur le col lui restent en travers de la gorge. Beijing lui demande des comptes, et il se sent menacé. *Personnellement* menacé… Entre les mines antipersonnel et les snipers, le moral de ses soldats est au plus bas, en dépit de leurs avancées sur le terrain. Ce qui court le plus, c'est l'idée que, si les Ouïghours veulent partir vers le Kirghizistan, eh bien, qu'on les laisse faire. Repousser des rebelles vers la frontière est une chose, mais franchir ladite frontière et envahir un pays voisin en est une autre. Les Russes en ont subi les conséquences en Ukraine, et le coût humain de leur opération est dans tous les esprits. Nous ne sommes plus au XXe siècle, et le Chinois lambda est tout aussi informé, ou désinformé, qu'un occidental moyen.

Mais Hui Jin obéit aux ordres, plus ou moins directs, qui lui parviennent du Leader suprême en personne. Et l'APL a intérêt à suivre !

Sans le savoir, il a confirmé les hypothèses stratégiques du leader mandchou : un barrage d'artillerie a rasé les pauvres équipements du col « bouchon » du plateau de Torugart, et ce matin, sans réponse des insurgés, il y a lancé l'assaut de l'infanterie. Seul avantage, la neige avait cessé de tomber depuis deux ou trois jours. Mais sa quatrième étoile ne le réchauffe pas plus que cela, et il a du mal à respirer du fait de l'altitude.

— Je vous écoute !

— Mon général… Nos troupes ont investi le col. Nous n'avons subi que très peu de pertes : quelques mines, mais en fait…

— Oui, en fait !

— Il n'y a plus personne.

— Comment ça ?

— Ils sont tous partis depuis des jours. Ils ont laissé des leurres, derrière eux… Quelques chevaux hors d'âge qui ont été tués dans le bombardement, et des mannequins en uniforme.

— Et ces éclats de lumière ? Ce n'étaient pas des jumelles ?

— Des… Des bouts de papier d'aluminium agités par le vent, mon général…

— Par mes ancêtres ! Et ces signatures thermiques ?

— Des leurres aussi, mon général, avec des feux allumés par des allume-feux équipés de retardateurs. Il n'y a plus personne depuis trois jours, au moins.

Une reconnaissance avec un hélicoptère aurait pu voir cela depuis longtemps, mais les pilotes demandaient un peu plus de sécurité : les missiles américains étaient redoutables.

Il ne peut non plus compter, pour l'instant, sur l'aviation : les incidents de l'autre jour contre les forces russes et américaines ont refroidi Beijing. Les chasseurs de l'APL ne passeront pas la frontière, alors que les trainées dans le ciel laissent entendre que la surveillance américaine et russe est constante.

Il frappe la table des cartes avec violence. La douleur lui permet d'évacuer, ou d'oublier, un peu, sa frustration.

— Très bien ! Sécurisez le col, et je vais aller voir ce qu'il en est dans la journée. Faites savoir partout que je suis content de cette… « grande victoire » sur l'ennemi et que les objectifs sont atteints.

Il sort de la tente de commandement à grandes enjambées, et le froid glacial lui fait du bien. Il se dirige vers le camion de communication avec l'intention de parler directement avec le Secrétaire Général. Il est temps de savoir s'il a pris sa décision cruciale : continuer vers Bichkek, ou en rester là. Et ce n'est surement pas à lui, petit général, de choisir entre les deux options.

PARLEMENT EUROPÉEN – STRASBOURG – FRANCE – 10/01 – MOIS 4

(Extraits des interventions des députés.)
— Monsieur le Député, venez-en aux faits !
— Madame la Présidente, j'y arrive !
— Merci.
— Donc, je disais, partout dans le monde, on parle de ces tsunamis gigantesques d'émigrations venues d'Amérique du Sud, d'Afrique du Sud, et de Chine. Ils s'appellent eux-mêmes « les Vagues » et ont pour ambition de submerger nos civilisations.

(Rumeurs dans la salle.)
Nous dénonçons le laxisme de l'Europe depuis des dizaines d'années (Cris à Gauche) et cette fois-ci, nous sommes au pied du mur !

Ce ne sont plus quelques bateaux qui traversent la Méditerranée, mais des millions de hordes sauvages qui déferlent et menacent nos frontières : les Huns sont de retour !

(Cris à gauche – applaudissements sur les bancs de l'Extrême Droite et de la Droite.)

« Ceux de la Vague », comme ils s'appellent, n'ont pas un slogan unique. Les uns vocifèrent « des jeux à New York », les autres « de l'eau à Londres », et les troisièmes fuient la pression des troupes chinoises à la frontière ouïghoure.

(Rumeurs et cris dans l'hémicycle.)

Pour la France, la facture identitaire et sécuritaire est déjà exorbitante et celle qui se prépare est destructrice. Que fait l'Europe ? Rien !

(Cris à Gauche et applaudissements à Droite.)

Que font les États européens ? Rien !

(Idem)

Je rappelle que les Ouïghours sont musulmans !

(Hurlements de rage dans l'assemblée.)

Nos lois, notre identité, notre culture, nos coutumes, nos libertés, celles des femmes en particulier et comme les libertés sexuelles et religieuses, sont rejetées, et combattues ! Le « grand remplacement » que mon ami « Z » annonçait est en route !

(Hurlements de protestation à Gauche, cris d'approbation à Droite.)

— La parole est à la Présidente du groupe « Europe insoumise ».

— Merci madame la Présidente. Comme d'habitude, l'Extrême Droite se déchaîne contre la réalité et tente de faire peur !

(Protestations à Droite.)

Vous, monsieur le député, parlez de liberté sexuelle et de liberté de la Femme ? J'hallucine !

(Rires à Gauche.)

Voulez-vous que je ressorte des placards les tombereaux d'ordures que vous nous adressez chaque jour, à nous les femmes ?

(Applaudissements et cris.)

Vous savez bien que nos vieux pays ont besoin de travailleurs solides, que les taux de fertilité et de naissance sont au plus bas, et que l'immigration sert les intérêts des grands patrons qui vous financent, monsieur la Vertu outragée !

(Hurlements à Droite, applaudissements à Gauche.)

Le problème n'est pas de renforcer les forces de sécurité ou de couler les bateaux en provenance de Tunisie ou d'Algérie.

(Hurlements à droite.)

Oui : de couler ! Je laisse à la justice européenne le temps de son investigation, mais vos milices, monsieur le Député, ont du sang sur les mains, en France comme en Italie, en Grèce, comme en Espagne, en Pologne, ou en Allemagne ! Dans toute l'Europe, vos milices tuent !

(Hurlements et applaudissements.)

— Madame la Présidente, aux faits !

— Oui Madame la Présidente, j'y viens. Alors oui, nous identifions trois « Vagues » qui ont été lancées dans le monde, dont deux convergent vers l'Europe. Nous sommes confrontés au plus grand défi de notre temps : des dizaines de millions de personnes veulent vivre, respirer, manger, et boire à leur soif. Nous payons ainsi des centaines d'années de colonialisme et d'exploitation capitaliste. La Terre est à bout !

(Hurlements dans l'assemblée.)

À force de laisser-faire de telles pratiques, à force de ne rien faire, nous en sommes là : des dizaines de millions d'hommes et de femmes, dans le monde, n'en peuvent plus. Ils ont faim ! Ils ont soif ! Ils veulent vivre ! Et pour cela, ils vont venir nous demander des comptes ! Nous laisserons-nous faire ? Non, bien sûr. Mais sommes-nous à la hauteur du défi qui nous est lancé ?

(Hurlements à Droite.)

Trouverons-nous des solutions ou allons-nous affronter, les armes à la main, des millions de femmes et d'enfants qui demandent justice ? Nos armées ne seront pas suffisantes pour endiguer les flots qui se précipitent sur nous ! Ce n'est pas un mascaret, mesdames et messieurs les députés, mais une Vague Scélérate qui va bientôt déferler à nos frontières !

(Applaudissement au Centre.)

Je propose donc qu'une commission extraordinaire prenne en main ce dossier, dès demain matin, pour anticiper les solutions possibles. Les présidents de chaque groupe doivent pouvoir y siéger ainsi que les présidents des délégations et des commissions. Le krach boursier chinois nous a affaiblis. L'inflation nous affaiblit. Voilà trois mois que la première « Vague » a vu le jour en Argentine, et ce pays est déjà au bord de la banqueroute. N'attendons pas d'en être là pour réagir (Hurlements et applaudissements).

(Proposition adoptée à l'unanimité moins l'abstention des voix de l'Extrême Droite.)

BEIJING – CHINE – 10/01 – MOIS 4

— Alors Général ? Point de situation ? Je suis ici avec le Chef d'État-Major Général. Nous sommes seuls et la liaison est cryptée.

— *Je suis seul dans le poste mobile, Camarade Secrétaire Général.*

— Très bien, je vous laisse la parole.

La Visio est suffisamment bonne pour que les deux dirigeants voient que Hui Jin n'est pas serein. Ses mains tremblent un peu et il est blême. Zhang coupe le son, de son côté, et commente son impression à mi-voix à Huáng Yǔháng.

— Je sens que cela ne va pas nous plaire…

Hui Jin fait son rapport, factuel et précis. Les pertes de la prise du plateau sont moindres que celles de la prise du col, mais, à cause des mines et des snipers, les troupes ont perdu le moral. Le bombardement du second col, quant à lui, représente un gâchis financier et matériel considérable, pour un résultat purement symbolique.

— Ce n'est pas ce que j'attendais de vous, Général !

Le ton de Zhang est cassant et Hui Jin sursaute. Mais le Secrétaire Général ne lui laisse pas le temps de répliquer.

— Mais je comprends que la situation est exceptionnelle. Nous n'avons pas encore pris de décisions pour la suite. Occupez ce col et regardez ce qui se passe derrière. Nos satellites sont à l'œuvre, et cette « Vague » ouïghoure et mandchoue atteint actuellement Bichkek. Normalement, il n'y a personne devant vous, et c'est assez tentant… Les diplomates russes et américains tournent en rond, comme leur aviation sur le secteur. Ils attendent une faute de notre part, et nous de la leur. Et…

Mais des coups sourds et précipités portés contre la porte du véhicule de Hui Jin le font se lever en urgence. Les deux dirigeants entendent la conversation qui se déroule sur le bord de la portière :

— *Qu'est-ce qu'il y a ?*

— *Le col, Général !*

— *混蛋 ！你以为你在跟谁说话 ?*[15] *Quoi le col ?*

— Les rebelles ont posé des mines en hauteur et les ont fait sauter en provoquant des avalanches sur nos troupes.

— *Moustac ! 我操你祖宗十八代*[16] *!*

Les insultes font discrètement sourire Zhang, mais pas Huáng Yǔháng.

— Général ! Que se passe-t-il ?

Hui Jin referme la porte, rouge écarlate de colère et d'humiliation.

— *Vous avez sans doute entendu. Les rebelles ont laissé des charges à retardement sur les flancs de la montagne, et elles ont déclenché des avalanches. Les pertes sont considérables, Camarade, et je vais devoir y aller.*

Zhang devance Huáng Yǔháng :

— Qui est ce… « Moustac » dont vous avez « béni » les ancêtres ?

— *Heu…*

Ce fut au tour de Huáng Yǔháng d'être gêné :

— C'est le surnom du meneur de la révolte mandchoue, Secrétaire.

— Et vous pensiez me le dire quand ?

— Heu… Nous cherchons des confirmations, et surtout à identifier cet individu. Son surnom, seul, est insuffisant pour faire des investigations sérieuses sur sa famille.

---

[15] « Batard ! À qui crois-tu parler ? »

[16] Juron passe-partout avec des allusions sexuelles aux ancêtres.

— Oui, surtout que les familles mandchoues ont rejoint les Ouïghours au Kirghizistan ! Il y a d'autres choses que je devrais savoir ?

— Heu…

— Faites-en la liste, Huáng Yǔháng, et vous me les présenterez avant la fin de la journée !

Il se tourne vers l'écran :

— Général !

— *Oui, camarade.*

— Allez voir ce fichu col, dégagez les survivants, soignez les blessés et enterrez les morts. Trouvez une équipe pour prévenir les familles. Je préparerai un mot manuscrit que vous rajouterez à votre missive. Et rappelez-moi ce soir, pour me tenir au courant. La décision devrait être prise d'ici là…

— *Oui, camarade !*

WASHINGTON – É.-U. – 10/01 – MOIS 4

— Les Chinois investissent tout le plateau, Monsieur, y compris le col bouchon. Ils sont en avance sur les prévisions. Ils ont massivement utilisé l'infanterie, sans soutien des blindés, ni des hélicos, ni de l'aviation. Mais il y a plus : si nous analysons bien les images qui viennent de nous être transmises par les satellites, les Ouïghours avaient miné les parois du col et une bonne partie de l'avant-garde de l'APL a été ensevelie.

— Bon sang, ces gars sont drôlement forts ! De vrais stratèges ! A-t-on essayé de les embaucher chez nous ? Nous en aurions bien besoin…

— Heu… Je ne crois pas, Monsieur… Voulez-vous que…

— Laissez tomber ! Ils ont d'autres chats à fouetter. Qu'en est-il de notre aviation ?

— Elle est en alerte. Aucun nouvel incident de frontière à signaler. Nos pilotes continuent de patrouiller avec les Russes. Dans une « *Entente Cordiale*[17] », disent-ils…

---

[17] Référence au nom des accords de coopération militaire entre la France et le Royaume-Uni mettant fin à des centaines d'années de conflits entre les deux pays. La première Entente Cordiale est signée en 1833.

— Laissez les « *Rosbeefs* »[18] en dehors de ça, ils auront besoin de forces plus tard. Que savons-nous des intentions chinoises ? Ils vont bouffer le Kirghizistan ?

Le langage du Président choquait souvent son conseiller, mais il ne sursautait plus comme au début du mandat. Il reprit simplement son souffle, et continua son rapport.

— Rien ne l'indique, pour l'instant. Mais cette nouvelle « défaite » et la perte de leur avant-garde vont peut-être changer la donne. Ne pas « perdre la face » est l'une de leurs obsessions…

— … Et là, ils les accumulent ! Ils se prennent de ces baffes !

— Oui, Monsieur.

Le Président fronce ses sourcils, ce qui est le signe d'un retour au sérieux.

— Bon… Je crois qu'il est temps de raviver la « Guerre des Étoiles ». Nous avons quelques jours pour reprogrammer nos satellites d'attaques et nous en servir s'ils décident de continuer jusqu'à cette fichue capitale dont je ne me rappelle jamais le nom…

— Bichkek ?

— Oui, c'est ça ! Je veux qu'à la minute même ou les avions « chintoks »[19] dépassent la frontière, que tous leurs satellites soient détruits.

— Ils parient d'en faire autant avec les nôtres…

— M'en fous ! Il y a les « causeux » et les « faiseux », comme disent les Français ! Préparez de nouveaux lancements !

— Et les débris risquent de polluer encore plus cette zone du ciel et endommager les nôtres.

— Un risque à courir ! Trouvez la parade ! Où en sont les « mangeurs de grenouilles[20] » et cette fichue base aérienne ?

La seconde, en 1904, sera complétée en 1947. La troisième, signée en 1998, sera complétée en 2010.

[18] Les « Anglais » – En français argotique dans le texte.

[19] « Chinois » – En français argotique dans le texte.

[20] « Les Français » – En français argotique dans le texte.

— Elle est presque opérationnelle, Monsieur. Ils ont fait du bon travail.

— Prévenez-les que nous allons commencer à y envoyer les familles et de la logistique. Qu'on soit prêts à recevoir nos forces aériennes ! Envoyez-leur une caisse de bons whiskies de ma part !

— Oui, Monsieur, mais cela veut-il dire que vous pensez que les Chinois vont...

— Oui !

William avait sa tête des mauvais jours, mais ses yeux brillaient d'une intensité rare.

— ... Oui ! Ils vont faire un « *Grand Bond en Avant* »[21], oui... Ils ne vont pas laisser passer l'occasion, et ils ont un honneur à défendre. Envoyez-moi les chefs d'état-major... Non : réunissez un Conseil de Guerre avec CIA, NSA, Nasa, et tout le tintouin ! Dans deux heures, le temps que tout le monde soit prêt ! Et bien sûr, tout cela doit rester top secret !

— Oui, Monsieur !

Le drapeau rouge à cinq étoiles flotte sur le col, mais Hui Jin a les larmes aux yeux. Il se garde pourtant bien de les laisser couler.

Quelques heures plus tôt, il avait passé les troupes d'élite de l'avant-garde en revue. Des femmes et des hommes fiers, et vaillants. Il les avait regardés dans les yeux. Les uns après les autres. L'élite... Cinq cents... Des commandos surentraînés.

Ils les avaient poussés à l'action, sans soutien de blindés ni d'aviation, comptant sur leurs compétences.

Et il avait eu raison : le col était à eux !

Mais voilà... Sans avoir tiré le moindre coup de feu, sans avoir subi la moindre perte, les rebelles en avaient décimé les trois quarts.

---

[21] En référence au programme politique, économique et social de Mao Zedong, lancé entre 1958 et 1960, visant à s'affranchir du modèle stalinien. Ce sera un échec qui aura fait plusieurs dizaines de millions de victimes.

Les sapeurs dégagent les corps gelés et fracassés un à un, et les alignent dans des tentes médicales montées à la hâte. Ils relèvent peu de blessés : beaucoup de ceux qui ont survécu aux avalanches ont péri, gelés ou asphyxiés en moins d'une heure. Et les centaines de tonnes de gravats, de pierrailles et de neiges sales sont difficiles à déblayer. La route sera impraticable, normalement, pendant une bonne semaine.

— L'infanterie pourra passer dès demain matin, Général, les blindés légers à roue aussi, mais ni les camions ni l'artillerie. Pas avant deux ou trois jours.

Ses adjoints enragent tout autant qu'ils culpabilisent de ne pas avoir prévu cette embuscade. La facilité avec laquelle ils ont investi le col avait heureusement contrasté avec la violence subie à la frontière. Et ils ne s'étaient pas méfiés, centrés qu'ils étaient sur les plateaux, vides de toute présence humaine, qui s'étalaient en contrebas.

— Vous avez envoyé des éclaireurs sur les flancs de la montagne, histoire de ne pas répéter ce premier... scénario ?

— Oui mon général. Avec des chiens, mais aussi des drones d'observation... Toutes... Toutes les charges ont explosé, en même temps...

— Technologie américaine...

— Heu... Le premier examen des débris que nous avons récupérés nous dit plutôt que c'est de la technologie russe, mon Général.

— Russe ? Envoyez ces preuves à l'état-major de ma part. Ils vont adorer ! Bon, continuez, je veux un rapport complet à la fin de la journée sur l'état des pertes humaines. Faites garder les accès au col, à l'est comme à l'ouest. Il y a peut-être encore des commandos rebelles cachés derrière nous. Moi, je dois contacter Beijing...

Il voit avec plaisir ses interlocuteurs blêmir : un peu de pression ne leur fera pas de mal. D'un pas déterminé, il reprend le chemin du plateau. Le blindé de communication est resté à l'entrée du col : impossible pour lui de monter plus haut en l'état des choses.

— Du matériel russe, Camarade Secrétaire Général, oui. J'ai fait convoyer les preuves jusqu'à l'état-major.

— *Ils sont en route pour Mangya !*

Déplacer une bonne partie de l'état-major vers la frontière nord-ouest est un signe, mais Hui Jin, par superstition, n'ose pas poser la question. Mangya est située en plein désert, et dispose d'une base aérienne. À la connaissance de Hui Jin, elle n'a aucun autre intérêt… Mais il ne connaît pas tout…

— *Nous vous envoyons des renforts, Général. Des munitions, du carburant, une cinquantaine de drones d'attaque et de repérage avec leurs pilotes, mais aussi de la logistique avec des cantines mobiles et un hôpital de campagne. Nous devrions pouvoir vous fournir une vingtaine de transports de troupes pour remplacer ceux qui ont été détruits. Des WZ551 équipés de chaînes antimines. Une semi-mobilisation des réservistes va aussi être lancée. Mais cette intervention russe dans l'armement de vos adversaires doit être examinée avec attention. Un front sur la frontière nord-est pourrait être désastreux. Vladivostok est fragile, mais pas désarmée… Pour l'instant, préparez-vous : évacuez les blessés, et concentrez vos forces ! Elles doivent être prêtes à intervenir de la manière qui nous conviendra. Je vous fais envoyer de l'artillerie antiaérienne. Nos chasseurs sont encore cloués au sol de l'autre côté de la frontière.*

— Merci Camarade.

— *Vous êtes aux premières loges : qu'il n'y ait plus d'incidents significatifs ! Ou alors, sortez en gagnant !*

— Oui, Camarade Secrétaire Général.

ONU – NEW YORK – 12/01 – MOIS 4

— La parole est au Président des États-Unis d'Amérique !

— Merci Monsieur le Secrétaire Général. Mesdames, Messieurs, je ne pensais pas avoir à intervenir ici même sur un sujet aussi brûlant, mais il en va de la paix mondiale. La Chine, Mesdames et Messieurs, à l'heure où je vous parle, prépare l'invasion du Kirghizistan. Un pays souverain et indépendant !

(Protestations de la délégation chinoise.)

En écoutant la traduction dans son oreillette, William devient rouge de colère : il ne fait pas semblant, le volume de sa voix monte d'un cran et il appuie sur une télécommande.

— Ah, j'ai une « langue de serpent » ? Mesdames et messieurs, vous voyez sur vos écrans quelques photographies satellites qui montrent l'afflux d'hommes et de matériels de guerre en direction du Col frontière de Torugart où de violents combats ont eu lieu il y a quelques jours. Les traces d'explosions en sont témoins ! Nous avons aussi appris qu'une mobilisation des réservistes était en cours. Tout ça pour « punir » les Ouïghours, ce peuple martyr qui a osé se révolter contre l'injustice, l'emprisonnement, le génocide !

(Protestations véhémentes de la délégation chinoise.)

Sachez, messieurs les impérialistes chinois, que, comme en Ukraine, nous ne laisserons pas détruire un pays sans réagir. Vous mettez l'équilibre du monde en danger, et nous ne vous laisserons pas faire ! Je demande solennellement l'exclusion de la Chine du Conseil de Sécurité !

3ᴱ Vague – Makande – Tanzanie – 12/01 – Mois 4

Si le passage à gué du fleuve-frontière, le Rovuma, n'a posé aucun problème – il subit lui aussi le réchauffement climatique et est presque à sec – ils sont à présent bloqués à Makande, une petite bourgade frontière. Les Makondé[22], le peuple local est accueillant, curieux de leur quête de l'eau, mais les forces militaires venues spécialement de Dodoma, la capitale, le sont beaucoup moins.

Pour commencer, et donner le ton, ils empêchent toute arrivée de carburants et d'eau : les camions-citernes censés les ravitailler, achetés par leurs éclaireurs, sont « réquisitionnés au nord ».

Malcolm oscille entre l'énervement, la colère et la conscience que les coutumes d'ici n'ont rien à voir avec les coutumes de là-bas. Ils sont plongés dans un autre monde. Les routes n'ont rien de bitumé, et « Ceux de la Vague » ont créé de nouvelles ornières profondes dans la boue et la

---

[22] À majorité catholiques. Leur langue, le makondé, est une langue bantoue.

poussière. L'eau douce se tire du puits, et la nourriture de maigres jardins ou de la chasse.

Le « colonel » qui lui fait face depuis la veille alimente son énervement. Impassible dans la chaleur poussiéreuse, il arbore un uniforme impeccable orné de nombreuses médailles. Il répond placidement aux demandes de Malcolm et laisse entendre qu'il a besoin de contacter sa hiérarchie à chaque décision qu'il doit prendre.

À l'extérieur, les marcheurs s'impatientent. Si les femmes et les enfants prennent tant bien que mal langue avec les habitants, les guerriers s'échauffent. Ils sont des dizaines de milliers, et une centaine de soldats a la prétention de les empêcher d'aller plus loin ?

— Vous comprenez, colonel, que vous ne pourrez pas nous contenir très longtemps. Les hommes qui s'énervent, dehors, ont des femmes et des enfants dans ce convoi. Ils veulent juste aller vers le nord. Votre pays n'est pas notre destination. Nous allons réclamer de l'eau à ceux qui nous en privent, qui nous tiennent en laisse depuis des siècles. C'est un combat noble, que vous saisissez, j'en suis certain.

Malcolm hésite encore à tenter la corruption. Leurs moyens ne sont pas énormes, mais tout est relatif. La Tanzanie est un pays pauvre, et l'armée n'est pas une priorité.

Son interlocuteur ne lui répond pas. Il reste impassible, à suer dans la chaleur.

— Voulez-vous rencontrer des « marcheurs » ? Voulez-vous nous accompagner dans le nord ?

Un frémissement de paupière du « colonel » lui indique qu'il a peut-être touché là une piste à exploiter.

— Nous serions heureux d'avoir une escorte officielle, vous savez ? Vos hommes sont-ils prêts à vous suivre, colonel ?

— Je dois contacter mes supérieurs.

Enfin, une réaction… Zama profite de l'occasion :

— Bien entendu, colonel. Voulez-vous ce midi partager notre humble repas ? Le Chef Thandwa, mon mari, et moi-même serions heureux de vous recevoir sous notre tente.

Le « colonel » avait été impressionné par la carrure et l'aura de Thandwa, et louchait depuis deux jours sur Zama.

L'homme la regarde un instant, puis se décide.

— Je vais contacter ma hiérarchie, et j'accepte votre invitation, madame.

Enfin un pas en avant. Le petit groupe se sépare et Malcolm souffle.

— Que de temps perdu !

— Il a l'air intéressé par ta proposition de nous escorter jusqu'au nord.

— Oui, il n'a aucune envie de rester coincé ici, ou de combattre nos « marcheurs » à un contre deux cents. J'aurais dû y penser avant.

— Ne te blâme pas, Malcolm, personne, jamais, n'a affronté de pareilles situations.

Le repas se déroule dans une atmosphère tendue. Melkiory, car tel est le prénom du colonel tanzanien, tente vainement de plaisanter. Mais ni Malcolm, ni Thandwa, ni Zama, ni Ethan ne le trouvent drôle. Ils se contentent, tous, de sourire, un peu forcés. Seule la petite Danya réagit à ses bouffonneries.

Des femmes de la caravane, s'aidant de femmes du village, ont composé une nyama choma, à base de chèvre cuite à la braise, accompagnée d'un ugali, à base de farine de millet assez relevé, et d'un ragoût de légumes arrosé au thé de la région.

Melkiory semble apprécier, quand bien même, à l'évidence vu son embonpoint, il est habitué à des repas d'une autre dimension.

— Melkio, tu n'es pas drôle !

Malcolm manque de s'étrangler : la petite dépasse les bornes ! Il est vrai que le « colonel » en est à une ultime histoire « humoristique » qui a fait grincer des dents toute l'assistance. Surtout Zama qui ne digère pas son machisme à la limite de l'obscène et du vulgaire.

— Danya ! Voyons !

— Laissez, Malcolm… Cette petite a raison, je ne suis pas drôle. Merci Danya. Veuillez m'excuser. Ce repas est délicieux, bien qu'un peu relevé pour mon estomac, et il est temps de passer aux choses sérieuses.

Le changement d'attitude laisse tous ses interlocuteurs perplexes. Il jouait un personnage ? Même son accent venait de changer. Il parlait à présent un anglais impeccable.

— Le voyage que vous souhaitez accomplir n'est pas sans danger, vous le savez. Mon pays subit de nombreux ravages : des épidémies, des terroristes, des guerres de tribu. Mon pays est pauvre, et il est meurtri par les guerres. Mais votre quête est juste. Je l'approuve et mes hommes l'approuvent aussi.

Il sourit, cette fois-ci d'un vrai sourire amical.

— Mon gouvernement est plus sceptique. Vous avez pour vous la presse, qui vous appelle « la Vague ». Vous avez, contre vous, cette multitude indomptée et cette quête, qui entraîne derrière elle de nombreux citoyens désespérés. Ici, à Makande, les producteurs de thé sont venus me voir en criant au pillage de leurs plantations. J'ai fait une enquête : ils crient avant tout parce que les cueilleurs vous rejoignent en abandonnant leur travail. Vous attirez beaucoup de petites gens qui voient en vous un espoir d'une vie meilleure. Ce slogan…

— Avec le temps, il est devenu « We need water ! We need it now ! »[23]

— Oui… Je le comprends, et mon peuple le comprend…

Malcolm retient ces paroles : il parle de « son peuple ». Ce colonel d'opérette n'est sans doute pas celui qu'il laisse paraître.

— Alors je vais vous escorter jusqu'à la frontière du Kenya. Je vais faire venir les camions-citernes dont vous avez besoin : de l'eau et du carburant.

— Merci colonel.

— Melkiory, Malcolm, Melkiory ! Nous allons passer beaucoup de temps ensemble, alors autant commencer aujourd'hui.

— D'accord… Melkiory !

— Bien. Ils nous rejoindront en cours de route, sans doute demain après-midi.

— Nous partons donc demain matin !

---

[23] « Nous voulons de l'eau ! Nous la voulons maintenant ! »

— Oui… J'ai compris que vous vous organisiez, et j'ai aimé votre façon de le faire. Mais j'ai un avertissement à faire passer.

Le ton était redevenu incisif : il ne plaisantait vraiment plus.

— Mon pays est sans aucun doute un pays riche en gibier. Je crois que le dernier recensement donne une estimation de plus de quatre millions d'animaux sauvages. Dans nos savanes se promènent les « big five »[24], ces trophées recherchés par tous les millionnaires du monde. Mais aussi, des girafes, des crocodiles, des zèbres, des singes, et j'en passe : plus de 360 espèces de mammifères, plus de 1.100 espèces d'oiseaux. Si vous ajoutez plus de six cents espèces d'amphibiens et de reptiles, vous avez une arche de Noé unique… que j'aimerai transmettre à mes petits-enfants.

Melkiory regarde Danya avec tendresse et la petite lui rend son sourire.

— Donc, pas question que vos chasseurs tuent n'importe quoi n'importe comment sous prétexte de nourrir votre caravane ! Nous vivons du tourisme qui vient pour voir ces animaux.

Thandwa approuve de la tête :

— Je vais transmettre vos paroles, Melkiory. Nous allons y veiller.

— Certains de mes soldats sont des pisteurs émérites, et seront fiers de vous montrer ce qu'ils savent faire.

— Je n'en doute pas, et je serai honoré de les voir en action.

— Alors nous sommes d'accord.

Les deux hommes scellent leur accord en se tenant fermement l'avant-bras par-dessus les assiettes et les plats.

— Je voudrais aborder autre chose, de plus délicat encore.

— Nous vous écoutons.

— Notre pays est catholique en majorité. Mais certaines minorités, animistes et surtout musulmanes, prennent une

---

[24] Les « cinq gros » dangereux : léopard, lion, rhinocéros noir, buffle, éléphant. Le buffle tue en moyenne 200 personnes par an en Afrique.

importance nouvelle qui ne peut être ignorée. Avec une superficie sauvage aussi grande que la nôtre, avec une économie basée sur le tourisme, des « fous de Dieu » se sont installés en petites communautés autonomes dans le nord. Après de nombreux incidents, et de nombreux attentats, après une féroce répression, nous avons fini par trouver, sinon un terrain d'entente, du moins un terrain de négociation. De quoi faire régner la paix quelque temps, et éviter les tueries comme à Dar es-Salaam[25].

Melkiory regarde chaque convive avec attention, et continue :

— Nous avons appris que l'un de ces groupes voulait vous contacter et intégrer la Vague. Un groupe ultra-violent, armé jusqu'aux dents et expérimenté. Ce ne sont pas vos lances, Thandwa, qui pourront les arrêter.

— Je n'en doute pas, Melkiory.

— Vous comprenez que si vous acceptez leur participation à votre quête, que les Occidentaux ne vont pas vous laisser passer comme cela. Votre chemin, jusqu'à Londres, passe par l'Égypte et Israël. Deux bombes à retardement dont vous risquez d'allumer la mèche, surtout si les islamistes s'en mêlent.

— Évidemment, cela va compliquer les choses…

— C'est pour le moins…

Beijing – Chine – 13/01 – Mois 4

— Camarade Secrétaire Général, le Général Hui Jin est en ligne. Centre de communication sécurisé.

— Merci. J'y vais.

Zhang avait sa tête des mauvais jours. Les décisions qui venaient d'être prises, dans la douleur, « au forceps »[26] disent les français, étaient lourdes de conséquences.

D'un pas décidé, il entre dans la salle de briefing sécurisée et s'assoit rapidement sur le grand fauteuil central.

---

[25] Importante ville du nord-est de la Tanzanie, qui a subi un sanglant attentat en 2021.

[26] Comme dans un accouchement difficile… En français dans le texte

Il s'amuse une fraction de seconde de voir la tête de Hui Jin en grand format, cinq mètres sur trois, s'étaler sur l'écran, et prend la parole :

— Point de situation, Général ?

— *Oui, Camarade Secrétaire Général.*

Avec le souci du détail, Hui Jin met en évidence les atouts du dispositif en cours : sans opposition, ses troupes se sont installées sur les deux cols et le plateau de Torugart.

Les renforts sont arrivés et les hommes commencent à s'adapter à l'altitude. Le plateau devient même un peu étroit et, points plus négatifs, les incidents se multiplient entre les différents groupes : l'inaction et le froid pèsent aux nouveaux arrivants.

Ces forces neuves sont constituées par environ 20.000 hommes et femmes de l'APL, accompagnées de leur logistique et de services médicaux. Des troupes constituées en bonne part de réservistes mobilisés, mais encadrées par des soldats de métier.

Les drones envoyés à l'ouest pour sonder la région n'ont débusqué que quelques snipers isolés et les ont fait fuir.

Certaines de ces machines ne sont pas revenues, victimes sans doute de tireurs encore en activité. Mais des pisteurs avancent l'idée qu'ils ont pu être victimes des rapaces qui pullulent dans la région.

La force réunie n'a plus subi de pertes, depuis les embuscades des cols, en dehors des quelques os brisés, pieds foulés, doigts gelés et grippes incapacitantes habituelles.

— Très bien Général. Merci de ce rapport précis. Pour notre part, nous avons pris notre temps pour prendre une décision…

Zhang accompagne cette déclaration d'une grimace à l'attention d'un interlocuteur invisible à Hui Jin, et retourne son regard vers son général :

— … mais nous avons fini par la prendre. Que ceci reste entre nous, bien entendu !

— *Oui, Camarade Secrétaire Général…*

— Vous allez recevoir un premier renfort de 50.000 hommes. Et plus tard, un autre encore de 50.000 hommes.

— *Dois-je comprendre… ?*

— Vous allez passer la frontière, Général, et poursuivre cette horde de sauvages qui a massacré des milliers de citoyens honorables de la République Populaire de Chine ! Vous allez y aller sans complexe. Évitez juste de massacrer les populations locales, mais réduisez en poussière toute opposition armée à votre avancée. Ne vous inquiétez pas de l'aviation, nous nous en occupons. Utilisez les hélicoptères à bon escient, pour couvrir l'avancée de l'infanterie, mais attention à ces fichus missiles américains : ne les laissez pas détruire nos appareils. Vous devriez recevoir aujourd'hui un lot de missiles antimissiles qui devrait permettre de vous aider en cela. Ainsi que de nouveaux drones de détection et des drones d'attaque. À utiliser avant d'envoyer nos troupes au massacre, bien entendu : la vie humaine devient une denrée rare et coûteuse de nos jours, même en Chine. Top départ, demain matin, à 07.00 heures locale. Nom de code : « Tempête de neige d'hiver ». Nous suivrons votre progression pas à pas. Selon nos renseignements satellites, vous ne devriez pas avoir d'opposition en dehors de quelques éleveurs de yacks isolés qui ne vont pas apprécier votre venue. Laissez-les vivre, si possible. Le problème se posera plus sérieusement à proximité de Bichkek. L'armée kirghize voudra vous résister, pour l'honneur. Elle a été entraînée par les Russes et les Américains, alors ne la sous-estimez pas. Mais les dirigeants du pays ont déjà transféré leurs familles et leurs biens en Ouzbékistan. Leur moral est au plus bas. Donc, marquez le coup, bousculez leurs lignes, mais laissez-leur le temps de se rendre. Et traitez-les bien s'ils le font : le monde nous regarde. Le temps que vous traversiez la région, vous recevrez de l'artillerie de campagne et des blindés plus lourds que les WZ actuels. Cela devrait servir devant Bichkek.

Compris ?

— *Oui, Camarade Secrétaire Général.*

Hui Jin boit les paroles de Zhang, et au fur et à mesure, il intègre pleinement la portée historique de l'opération qu'il allait mener. Son nom allait s'inscrire dans l'Histoire de la Chine.

— Investissez tout le pays. Contrôlez toutes les infrastructures. Contrôlez les communications. Sécurisez les villages, mais évitez les pillages. Les Américains et les Russes vont évacuer leurs bases pour aller chez les Ouzbeks, avec une base aérienne installée par les Français. Je doute que vous trouviez quoi que ce soit dans les ruines de leurs installations, mais dès que vous les aurez investies, les services du Guoanbu[27] iront y faire un tour. Des questions ?

— *Non, Camarade secrétaire, c'est tout à fait clair…*

— Très bien général. Je vous laisse. Top départ demain à 07.00, heure locale.

BICHKEK – KIRGHIZISTAN – 14/01 – MOIS 4

— Washington en ligne, monsieur.

— Merci ! Bonjour Monsieur le Président !

— *Bonjour Matthew. J'irais vite : c'est pour bientôt ! Les satellites nous informent que les Chinois ont reçu un premier lot de renfort d'aviation suffisant pour passer à l'offensive. Sans doute à l'aube. Donc, tenez-vous prêts !*

— Toujours les mêmes consignes, Monsieur ?

— *Oui, les Russes sont d'accord avec nous et inversement : nous n'attaquons que si l'aviation passe la frontière. Nous pensons qu'ils vont le faire, histoire de retrouver « la face ». Ils ont renforcé leur flotte aérienne : bombardiers, chasseurs, hélico, et l'équivalent de nos AWACS. Pour la petite histoire, ils les ont retirés de la frontière maritime avec Taïwan alors, ils sont devenus très nerveux, là-bas… Donc, ça devrait être très chaud de partout. Ne risquez pas inutilement la vie de nos pilotes, mais donnez-leur une bonne leçon. Je vous envoie les documents correspondants à l'instant.*

— Bien monsieur.

— *À bientôt, Général !*

— Le grand bazar est lancé ! Briefing général dans quinze minutes ! Appelez mon homologue russe ! Et prévenez aussi les Kirghizes ! Kokhir doit être averti. N'oubliez pas les Français ! Évacuation de tout ce qui n'est pas indispensable vers l'Ouzbékistan. Informez aussi les Ouzbeks

---

[27] « Ministère de la Sécurité de l'État » – MMS – Agence de sécurité et services secrets chinois

que nous arrivons. Activez les défenses antiaériennes ! Alerte rouge !

La réunion rassemble l'ensemble des cadres de la base, et la salle semble petite. Le silence règne, et chacun attend le général qui s'entretient avec son homologue russe.

Matthew, enfin, entre et s'installe derrière son pupitre. Il est partagé entre l'enthousiasme et l'angoisse. Il sait que les heures qui vont venir vont marquer l'Histoire. Que d'une façon ou d'une autre, il va rentrer dans cette Histoire, avec un grand « H » ! Il sait aussi que nombre des hommes et des femmes qui attendent ses paroles seront morts demain soir, peut-être avec lui. Il n'a pas d'état-d'âme, mais il reste un humain, et en face de lui, se tiennent d'autres humains. Il se racle un peu la gorge, afin d'affermir sa voix, et se lance.

— Mesdames, messieurs, désolé de vous avoir réveillé à cette heure indue (rires nerveux dans l'assistance). J'espère que le café est correct, pour une fois (un peu plus de rire). Bon… Trêve de plaisanterie. Nos analystes nous disent que les Chinois sont prêts à passer le pas. Ils ont massé des réserves d'infanterie à Torugart, et plus loin, sur leur territoire, une force aérienne largement supérieure à ce que nous pouvons leur opposer avec nos… amis russes. Entre les Raptors et les Soukhoï, nous alignons quarante-huit chasseurs. Les Chinois en préparent plus de quatre-vingt-dix.

Il balaye la salle du regard, mais ne voit que des visages tendus vers lui.

— Je viens de m'entretenir avec Fiodor, mon homologue. Nous sommes d'accord sur l'ensemble des consignes. Comme nous, ils évacuent leur base vers l'Ouzbékistan. Les Français nous y recevront dans d'excellentes conditions. Dans quelques heures, l'aviation chinoise va intervenir. Pour faire quoi ? Nous n'en savons rien. Peut-être pour détruire toute opposition kirghize. Sans doute pour seulement nous affronter et marquer leur présence. Un jeu de cour de récré pour préadolescents. Mais des préados dangereux, armés jusqu'aux dents. La consigne est simple : nous les controns !

La salle oscille et murmure, mais Matthew n'entend rien.

— Vous faites le plus de dégâts possible : vos appareils vont être chargés au maximum ! Les IA vont être programmées pour que chaque missile n'ait qu'une cible : pas question de tirer deux fois sur le même appareil, et chaque pilote chinois doit sentir le souffle de nos engins qui courent à leurs fesses !

La salle réagit en riant, un peu nerveusement : les visages sont tendus !

— Et, deuxième consigne, vous sauvez votre peau et celle de vos camarades, y compris les Russes ! Les Chinois sont trop nombreux pour que nous puissions les arrêter. Les Chengdu J20 sont de redoutables adversaires. Couplés avec des meutes de J11, vous aurez du mal à passer leurs barrages d'antimissiles et de missiles. Donc, une fois vos suppositoires lancés, vous dégagez !

Il laisse ses paroles imprégner les esprits, mais personne ne rit à sa plaisanterie.

— Je sais que certains d'entre vous meurent d'envie d'affronter en duel les pilotes chinois. Mais dans cette expression, il y a « meurent ». Et ça, cela ne fait pas partie de la consigne (sourires dans la salle). Je compte sur vous pour rallier toutes et tous la base aérienne Française. Je ne pense pas que les Chengdu vous poursuivent jusque-là, mais les Rafales seront en couverture au cas où. Dès le passage de la frontière ouzbek, des ravitailleurs seront disponibles pour ceux qui en auront besoin.

Il regarde encore la salle, une dernière fois.

— Je ne sais ce qui nous attend. Nous sommes engagés dans une partie de Go[28], alors ne vous faites pas prendre. Les AWACS américains et russes vous suivent. Nous viendrons vous chercher si vous tombez, mais attention, les Chinois seront bientôt partout au sol. Et ils ne vous feront pas particulièrement de cadeaux.

Matthew n'a que deux hélicoptères de soutien, et les Russes quatre, mais en mauvais état : à six, ils ne sont pas de taille à affronter des chasseurs, et si l'un d'entre eux est

---

[28] Jeu de stratégie originaire de Chine, où la conquête de « territoires », par encerclement de l'adversaire, constitue la stratégie principale.

abattu, les chances de récupérer les pilotes en territoire hostile sont réduites. Les pilotes sont surentraînés, mais ils savent tous que s'ils réchappent à une frappe de missile, leur chance de survie est mince. Pas nulle, mais *très* minces.

— Chauffez les moteurs. Départ dès que nous repérons les Chinois. Et je n'ai plus qu'une chose à vous dire :

Il laisse planer le silence…

— À ce soir, en Ouzbékistan !

— Pilotes de la vaillante force aérienne de la République Populaire de Chine, un milliard quatre cents millions de compatriotes vous regardent.

Le Général d'aviation Dewei est fier de ces jeunes femmes et hommes, au garde-à-vous devant lui, qui représentent l'élite des pilotes de la Nation. Ils ont presque tous fait leurs armes dans le détroit de Taïwan, à se frotter aux chasseurs américains et taïwanais. Ils ont des nerfs polis à toute épreuve. Mais là, ils vont avoir le droit de tirer, en vrai.

— Tout à l'heure, vous allez affronter une force aérienne composite russe et américaine. Vous allez être à deux contre un et je compte sur vous pour venger nos morts de Tongliao et Torugart. L'objectif reste la destruction de l'armée kirghize qui bloque Bichkek. Mais l'aviation ennemie ne nous laissera pas faire sans combattre. Alors, je le répète, je compte sur vous ! Bonne chasse !

Les deux cents pilotes et mécaniciens présents hurlent à l'unisson, faisant sourire Dewei. Ce n'est pas son meilleur discours, mais il se sent étrangement ému, à envoyer ses pilotes en opération.

— Départ dans une heure !

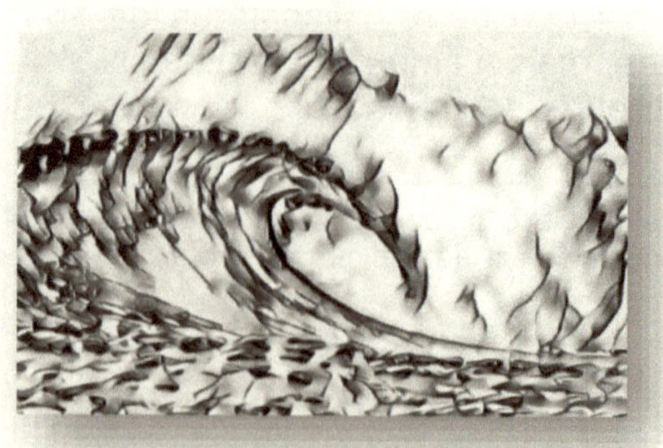

XII – Actions

— Aksana ! Je suis content de te voir !

— *John ? Oni vsegda te ze, chto my vidim zdes !*[29]

— Plains-toi ! J'attends toujours ce verre que tu m'as promis !

— *Ya tebe nichego nay obeshchal, paren !*[30]

— Ah ces femmes ! Trêve de plaisanterie : je te propose un petit entraînement à la manœuvre, d'accord ?

— *D'accord. J'ai commencé, l'autre fois, alors à toi cette fois-ci !*

— Si tu veux. Ici leader : fréquence commune !

— *Ok ! Fréquence commune !*

John règle sa radio et lance :

— Leader à patrouille ! Mélange un-un ! Formation Delta serrée.

La « patrouille » aligne la totalité des appareils disponibles, soit quarante-huit. Les satellites ont confirmé la couleur : les Chinois vont engager la totalité de leurs forces, soit une centaine d'appareils. Tous les pilotes le savent, la journée va être courte, et rude.

Américains et Russes comptent sur leurs défenses antiaériennes renforcées, basées en majorité à la frontière ouzbek et au-dessus de la capitale, Tachkent, pour arrêter les engins qui forceraient le barrage des avions. Les bases aériennes du Tadjikistan sont en cours d'évacuation, et les Chinois peuvent bien les bombarder, cela n'aura aucun effet notable, sauf à les empêcher de les utiliser ultérieurement. Des leurres électroniques ont même été installés à cet effet.

John et Aksana se positionnent en tête d'une formation en delta qui se compose sous leurs yeux, un Soukhoï alternant avec un Raptor, à quelques mètres les uns des autres.

---

[29] « Ce sont toujours les mêmes que l'on voit ici ! »
[30] « Je ne t'ai rien promis, mon gars ! »

Une aberration encore il y a quelques mois... Le monde change à une vitesse folle...

John laisse passer quelques dizaines de secondes.

— Ici leader ! Ordre de patrouille : formation delta large de 1.000 m ! Trois ! Deux ! Un ! Top !

Un moment délicat, où vous devez compter sur votre ailier qui doit s'écarter suffisamment pour vous laisser le champ libre. Avec près de cinquante appareils volant à quelques centaines de kilomètres à l'heure, c'est un défi, les plus *en dedans* de la formation devant choisir entre passer sous ou sur son voisin. Vous êtes obligé de contrôler votre machine et de temporiser votre action alors que la pression du temps est intense.

Les quarante-huit appareils se repositionnent, dans un temps acceptable, à un kilomètre les uns des autres. Avec un peu d'entraînement, ils pourraient faire beaucoup mieux, mais personne n'a hurlé à la collision, et c'est déjà ça...

— À tous ! Chaque IA doit verrouiller un appareil ennemi. Nous avons presque assez de missiles pour tous les descendre. Et pour ça, nous devons les mettre en rapport. Deux missiles qui visent le même ennemi, et nous en avons un de plus sur le dos.

Chaque pilote russe parle aussi l'anglais, ce qui n'est pas forcément réciproque, et Aksana n'a pas besoin de traduire.

L'option avait été examinée par les deux états-majors, et en dépit des risques de piratages toujours possibles, ils avaient accepté une procédure accélérée de dialogue entre les IA embarquées, pour plus d'efficacité. Dialogue, mais pas lien : chaque appareil restait autonome et chaque IA retrouvait son indépendance après le tir des missiles. Le boulot des pilotes restait l'approche à portée de tir, la décision de combat et la survie : les IA étaient rapides, mais n'avaient pas « d'instinct ». Petit plus, dans chaque formation, les meilleurs pilotes avaient été désignés pour affronter les Chengdu, beaucoup plus coriaces que les J11.

— Connexion des IA ! Trois ! Deux ! Un ! Top !

En quelques secondes, les IA se relient, échangent des protocoles de contact et se « mettent d'accord » et en position d'attente. Tous les voyants sont au vert, et il ne manque pas un seul appareil dans leur « réseau ».

Aksana intervient :

— *Notre AWACS confirme : une centaine d'avions en vol vers nous. Contact dans quinze minutes.*

John reçoit le même message de *son* AWACS.

— Confirmé ! À toi de mener la danse, Aksana !

— *Avec joie, John ! Déverrouillez l'armement.*

La tension devient palpable et se ressent dans le vol des appareils dont les ailes tendent à frémir.

— *Contrôlez vos trajectoires. Vitesse de croisière ! Dix minutes !*

Ils plafonnent à 9.000 mètres et à Mach 1, soit un peu plus de 1.230 km/h. Pendant l'attaque, ils vont passer à plus de Mach 2, et subir des « G » de pressions que leurs combinaisons spéciales allaient avoir du mal à absorber.

En face, les Chinois évoluent sur le même plan et à la même vitesse, mais cela devrait changer rapidement.

Raptors et Soukhoï sont conçus comme « furtifs », presque insensibles aux ondes radar. Soutenus par les AWACS et des satellites qui diffusent des faisceaux de brouillages, les Chinois ne doivent pas forcément les avoir repérés.

John vérifie sur ses écrans l'identification de la flotte ennemie. Chaque IA de chaque appareil avait bien « choisi » son adversaire.

— Ce que je ne comprends pas, c'est que les Chengdu sont normalement furtifs. Nous ne devrions pas les voir.

— *Ou alors, ils nous provoquent. L'image que nous recevons n'est pas forcément la réalité.*

— Eh bien nous allons bientôt savoir ce qu'il en est. Awacs : vérifiez l'hypothèse d'Aksana !

Mais rapidement, le rapport de l'AWACS confirme :

— *Écho ennemi confirmé par satellite.*

— *À portée de tir dans cinq minutes ! Dans trois minutes, vitesse d'attaque ! À chacun le sien ! Lancement des missiles optimum à deux minutes plus tard.*

Ils doivent se rapprocher pour éviter les tirs de missiles inutiles, mais c'est aussi valable pour leur adversaire.

— Les Chinois ont lancé leur attaque, Monsieur le Président ! Une centaine d'appareils ! Contact dans quelques minutes.

— Ok, je me rends au centre de coordination. Ils l'auront voulu : détruisez leurs satellites ! Tous leurs satellites ! Communication y compris, mais militaires prioritaires !

— Oui Monsieur ! Et leur station orbitale ?

— Nous ne sommes pas des sauvages : n'y touchez pas ! Comme les vrais satellites scientifiques ! Brouillez-les quelque temps, histoire de les faire paniquer !

William sait que l'opération, à coups de lasers à haute énergie, va prendre quelques heures, mais d'ici la fin de la journée, les Chinois seront privés d'internet et de toute communication autre que filaire. Plus question pour eux de chercher leur route sur l'équivalent du GPS. Plus question pour eux de recevoir les télévisions étrangères et même interrégionales. Le mécontentement va être général, et les autorités devront se justifier. Et en passant, les satellites tueurs américains s'occuperont de leurs homologues chinois, afin d'éviter les représailles.

Ils volent à Mach 2, et la flotte chinoise ne bouge toujours pas.

— *Trente secondes avant la portée de tir. Les IA en position d'attaque !*

La voix d'Aksana respire la tranquillité. John souffle un grand coup : il préfère l'avoir de son côté qu'en face.

— Pervy priekhavshiy vie Tashkent oplachivaet pivnoy thur ![31]

— Ton Russe n'est toujours pas génial, John ! Mais tenu ! Attention : Trois ! Deux ! Un ! Top !

Chaque appareil accélère encore et passe à Mach 2,5 pour se mettre en position de tir. Ils montent aussi en altitude pour se positionner au-dessus de leurs adversaires.

---

[31] « Le premier arrivé à Tachkent paye sa tournée de bière ! »

La formation ennemie est encore invisible à l'œil nu, mais Aksana lance la charge :

— *Vie ataku !*

Dans un bel ensemble, les quarante-huit chasseurs plongent vers leurs cibles.

Et les premiers missiles, aux ordres des IA, fusent les uns après les autres.

Si les Chinois n'ont pas vu les appareils, les missiles sont immédiatement repérés par leurs radars. La superbe formation bien ordonnée que les Alliés commencent à voir en direct éclate pour échapper à leur approche mortelle.

Si les J11 s'enfuient vers le sol, les Chengdu montent en chandelle pour intercepter les chasseurs américains et russes.

John entend bientôt la sirène d'approche et la voix de l'IA qui lui dit qu'un engin ennemi l'a « éclairé » et qu'il va bientôt recevoir la visite d'un missile.

À quatre mille kilomètres-heure de vitesse relative, les réflexes humains sont défaillants pour anticiper efficacement les trajectoires des uns et des autres. Les IA prennent alors la main, mais elles ont leurs propres limites, surtout dans un « Grand Cirque »[32] tel que celui qui se déroule alors dans le ciel du Kirghizistan.

Les premières explosions et le choc des débris en fusion sur sa carlingue indiquent que les combats ont débuté. Mais il est trop occupé pour tenter de comprendre qui est vivant et qui est mort.

Entre les avions et les missiles, c'est le chaos des trajectoires et des leurres antimissiles. John a son objectif à atteindre : approcher le plus possible pour toucher ses adversaires. Il lui reste encore deux missiles sous ses ailes, et il ne peut pas encore décrocher. L'IA a aussi ses intentions : tirer ses deux derniers missiles afin de détruire ses cibles, des Chengdu, et éviter les missiles adverses en lançant des leurres et en changeant de trajectoire. Le temps s'arrête quand chaque seconde dure une éternité, et se relance pour disparaître, étincelle éphémère.

---

[32] Les anciens comprendront la référence d'un livre qui a marqué mon adolescence.

L'IA largue ses derniers missiles, et John décide de grimper en chandelle : il encaisse les « G », l'alarme anticollision hurle toujours, et le missile adverse ne doit pas être loin. Il multiplie les acrobaties, en essayant de viser l'ouest pour se rapprocher de l'Ouzbékistan, mais il n'a plus de leurres, et l'alarme…

L'ouverture de son cockpit le prend par surprise, autant que l'explosion de son système de siège éjectable. Sa tête s'enfonce dans ses épaules. L'Univers explose et bascule.

Et le monde disparaît pour lui.

WASHINGTON – É.-U. – 14/01 – MOIS 4

— Expliquez-moi ce que je vois ! Je n'y comprends rien !

Le Président fulmine : sur l'écran en transmission directe de l'espace, il aperçoit des fumées de trajectoires, des explosions, des avions qui disparaissent, mais c'est un capharnaüm indescriptible.

— Ce que vous voyez, Monsieur le Président, c'est la plus grande bataille aérienne depuis un siècle et demi, et la plus coûteuse, aussi. Ce que vous voyez, Monsieur le Président, ce sont des hommes et des femmes qui meurent en direct. Les nôtres, russes et américains, sont en bleu. Les Chinois en rouge.

William note l'utilisation des « nôtres » pour la coalition russo-américaine. C'est le signe d'un changement de mentalité impressionnant.

— Il y en a beaucoup !

— Deux Chinois pour chacun des nôtres, au début.

— Et ?

— La stratégie de coordination des IA semble avoir fonctionné. Quelques missiles alliés ont été interceptés, mais de nombreux avions chinois ont été mis hors service !

— Nous gagnons, alors ?

— Tout est relatif : leurs missiles sont efficaces. Espérons qu'un ou deux de nos appareils puissent survivre et retourner à leur base.

— Oh…

— La différence se fera quand nous aurons détruit leurs principaux satellites de coordination.

— C'est pour quand, bon sang ?

— Nous en avons déjà détruit cinq directement attribués au suivi de l'aviation sur cette opération. Il nous en reste deux. Dans les minutes qui suivent, Président.

— Vy mertvy, tovarishch ?[33]

John ouvre un œil pour voir un homme penché sur lui. Il ne le connaît pas, mais, quand il peut ajuster sa vision, il voit qu'il est habillé d'une combinaison de vol à haute altitude. Les badges, sur ses épaules, annoncent un Russe. C'est dans cette langue qu'il lui répond :

— Da, vozmozhno, noh ocevidno, chto ya nay popal vie ray ![34]

Le gars se met à rire, mais son visage se crispe très vite et il se plie en deux pour se tenir le côté.

— J'ai quelques côtes fêlées… Je suis Piotr !

— Et moi, John.

— Je sais qui tu es, Commandant. Peremirie vie obsuzhdenii[35], dans quel état es-tu ? Peux-tu bouger ? Nous avons pas mal de kilomètres à faire pour rejoindre la base avant que les Chinois ne nous tombent dessus.

John prend alors conscience qu'il est au sol, toujours ficelé sur son siège et dans sa combinaison de vol.

— Dans quel état je suis, mon gars, je n'en sais fichtre rien. Attends deux secondes…

Doucement, il fait bouger ses muscles, un à un. Son pied droit est douloureux, et sa cheville enflée, mais pas cassée. Sans doute le résultat d'un choc, violent. Il remonte aux épaules, et doucement, tourne la tête à droite puis à gauche. Son cou est douloureux, mais il semble en état de marche. Reste sa colonne vertébrale. En combat, une vie peut être sauvée, mais pas à tout coup avec un corps intact.

---

[33] « T'es mort, camarade ? »

[34] « Oui, sans doute, mais visiblement, je ne suis pas arrivé au Paradis ! »

[35] « Trêve de discussion »

John souffle : il a retenu sa respiration et sa peur, mais sa colonne semble opérationnelle. Il ôte enfin son casque et inspire avec joie une grande bolée de l'air glacial des hauts plateaux.

— C'est bon… Juste une cheville douloureuse. Je ne vais pas pouvoir marcher vite. Si…

— Net, tovarishch ![36] Je reste avec toi. Tu es armé ?

— Oui, bien sûr. Tu as déclenché ta balise de repérage ?

— Oui. Et je suis en contact avec plusieurs autres pilotes. De tes compatriotes et des miens.

John se libère de son fauteuil et jette un œil alentour. Le parachute forme une grande corole de couleur bien visible sur la neige du plateau, et le ciel est dégagé : des hélicos chinois n'auraient aucun mal à les repérer.

— Qu'en est-il de la bataille ? Tu as des nouvelles ?

— Non…

— Qui a gagné ?

— Aucune idée : ça pétait de partout, là-haut, et je n'ai pas eu le temps de compter les points.

— Aïe !

John vient de poser son pied droit sur le sol.

— Il me faudrait un truc pour me soutenir, une attelle. Et ce fichu parachute…

— Ne bouge pas encore… Tu as raison, je vais le replier. Nous trouverons de quoi t'aider au bout de ce plateau, il y a une petite forêt. Encore faut-il l'atteindre.

Piotr replie le parachute, en lacère de grandes bandes à l'aide d'un couteau de commando que John trouve impressionnant, et l'enterre rapidement sous le siège.

— C'est pour effacer nos traces derrière nous. Nous allons les attacher à nos ceintures, et les trainer. Ce ne sera pas suffisant s'ils nous cherchent aujourd'hui, mais si le vent se lève, cela nous protègera un peu.

John sourit : les Russes avaient eu plus d'entraînement à la survie dans la neige que lui. Reprenant conscience de l'urgence du moment, il vide les compartiments de survie du siège : une arme à feu, de l'argent, des pierres semi-précieuses, un petit pack de médicaments – dont un comprimé

---

[36] « Non, camarade ! »

de poison – et de pansements, de la nourriture séchée, une outre d'eau semi-remplie.

Quand il a fini, Piotr envoie de grandes giclées de neige sur le siège pour le recouvrir au mieux. Il fait toujours tache au milieu du plateau, mais beaucoup moins, et de loin il pouvait passer pour une pierre. Puis, il attache deux bandes de parachutes à la ceinture de John, et lui demande d'en faire autant pour lui.

— Très bien ! Allons-y ! L'ouest, c'est par là !

— Tu étais loin de moi ?

— Non... À un bon kilomètre à l'est. Je marchais au hasard quand j'ai vu ton siège au beau milieu de nulle part. Je suis passé voir s'il y avait un peu de lumière là-dedans !

— Gentille initiative : je te dois une bouteille de vodka !

— Plutôt un whisky, je préfère !

— D'accord. Je déclenche ma balise aussi.

— Il y en a bien une des deux qui passera les brouillages.

Les deux hommes ne se font aucune illusion : la guerre électronique est totale. Les brouillages couvrent tout le territoire, et une balise de détresse individuelle a peu de chance d'émettre par-dessus les montagnes.

Entre les côtes de Piotr et la cheville de John, ils ont du mal à progresser dans une neige profonde, mais ils s'engagent résolument vers le bout du plateau, à l'ouest !

Les généraux des trois armées suivent la bataille aérienne en cours depuis une heure. Le Français, François, communique régulièrement avec ses équipes antiaériennes au sol et avec les patrouilles de Rafales en vol. Mais sur les écrans qui relayent et décodent les images satellites, il n'y a plus rien à voir.

Américains et Russes enragent, mais leurs visages sont blêmes : plus aucun appareil allié en vol. Leurs quarante-huit chasseurs ont été abattus. De savoir que plus de quatre-vingts appareils chinois ont disparu ne leur semble pas vraiment notable. Les quelques survivants ont rapidement fait demi-tour.

— Mon Général, la base US de Bichkek annonce que deux missiles de croisière chinois ont explosé en faisant sauter les bâtiments évacués. L'ancienne tour de contrôle est détruite.

François se tourne vers le Général Matthew :

— Votre leurre a bien fonctionné, Général.

— Oui... Ils viennent de dépenser l'équivalent de dix à douze millions de dollars pour détruire des ruines. Avec une économie en déroute, ils ne tiendront pas longtemps à ce rythme.

— Ils ont des stocks, Matthew !

Le Général Fiodor parle aussi bien anglais que français. C'est un personnage posé, maître de ses nerfs, contrairement à l'américain, nerveux et colérique.

— Oui, mais ils ne veulent pas entamer ceux dirigés vers Taïwan : c'est leur talon d'Achille, cette obsession.

Mais François, en écoute permanente de ses équipes, intervient :

— Les balises des équipages survivants s'allument un peu partout sur les Hauts-Plateaux du Tadjikistan. C'est une bonne nouvelle.

— Nos hélicos sont en route.

— Je leur fais transmettre les coordonnées que nous recevons. Je mets aussi quatre hélicoptères de combat EC665 Tigres en escorte de vos propres hélicos. Ce sont de redoutables combattants qui repousseront toutes les troupes d'infanterie qui s'efforceraient de contrarier vos recherches.

— Nous prévenons nos forces de se mettre en relation avec les vôtres. Merci Général.

— Normal, Général. Paris m'a prévenu qu'il m'envoyait une dizaine de EC775 de transports de troupes pour compenser vos pertes. Nous les recevrons demain matin, ils sont en route.

Abdullayeva, le correspondant militaire du gouvernement ouzbek, ouvre aussi son téléphone sécurisé :

— Je confirme, messieurs : nos forces antiaériennes sont en alerte. Aucun avion chinois ne pourra passer, et nous intercepterons tous les missiles de croisière.

Matthew sourit, pour la première fois depuis longtemps, à la rodomontade[37] de l'Ouzbek : il a toute confiance dans le matériel américain qui a été fourni à son armée. Surtout que les servants des postes de tir sont américains.

Pour les Ouzbeks, la menace chinoise est réelle, mais encore assez lointaine. Les Ouïghours posent beaucoup plus de problèmes immédiats. Le déferlement de onze millions de réfugiés a pris tout le monde de cours. Ils sont pacifiques, embarrassés de femmes, d'enfants et de vieillards, mais ils représentent aussi une force potentielle non négligeable. Après les Kirghizes, les Ouzbeks ont bien tenté de les désarmer, mais en vain. Leur assurance à vouloir continuer leur périple vers le Sud-ouest, vers le Turkménistan, rassure, un peu. Leur affirmation de souhaiter aider les Ouzbeks à stopper les Chinois aussi. Mais les dirigeants ouzbeks sont dubitatifs. Leurs trente millions d'habitants ne feraient pas le poids si la Chine envisage d'étendre son territoire jusqu'à Tachkent.

Les banques asiatiques tiennent le pays en laisse. Depuis une semaine, les ambassadeurs chinois font peser le risque réel de retirer leurs investissements du jour au lendemain, ce qui saborderait l'économie locale déjà fragile. Les conflits territoriaux immémoriaux de frontière à l'est, avec le Tadjikistan, au sud avec l'Afghanistan, menacent aussi en permanence l'intégrité du pays.

Ouvrir une base aérienne contrôlée par la France a donc été un élément de compromis face à la menace militaire chinoise, mais aussi une *pierre*[38] de plus posée dans la grande partie de Go qui englobe toute la région.

ACHGABAT – TURKMÉNISTAN – 14/01 – MOIS 4

— Monsieur l'ambassadeur, je suis conscient que les Ouïghours ont réussi là une évasion spectaculaire qui fait

---

[37] Fanfaronnade. Vieux mot français utilisé au XVIe siècle par Michel Eyquem de Montaigne en référence à un personnage de la poésie chevaleresque italienne, *Rodomonte*.

[38] Le jeu de Go se joue avec deux séries de « pierres », les unes blanches, les autres noires, posées alternativement par les joueurs.

l'admiration du monde entier. Notre histoire commune fait que je me sens particulièrement proche de votre cause.

Farhod, le président de la République du Turkménistan est un petit homme sec, à l'image du désert qui constitue la presque totalité du territoire de son pays. Il sait écouter, mais en ce moment, il fulmine :

— Mais voilà… Je sais que vous êtes plus de onze millions à souhaiter venir vous installer ici ! C'est du délire ! Nous ne sommes que six millions ! Et ce pays est un désert particulièrement aride ! Le Kara-Koum s'étale sur 350.000 km², soit plus de la moitié de notre territoire. Où voulez-vous que je vous mette ? Comment voulez-vous que je vous nourrisse ?

Ses conseillers sont outrés et s'agitent dans tous les sens.

« L'ambassadeur » de la Vague ouïghoure, lui, garde son calme, et se retient de sourire : ce n'est pas le moment.

— Monsieur le Président, nous n'avons qu'une ambition, c'est de nous intégrer et développer ce pays. Nous avons appris à faire fleurir le désert, en Chine, et notre multitude fera que nous réussirons à le faire ici aussi. Nous ne voulons pas le pouvoir, seulement vivre. Réfléchissez à la chance que vous avez de l'apport d'un peuple dynamique qui ne demande qu'à construire l'avenir et vous apporter ses savoir-faire.

— Vous avez vu le temps que vous nous laissez pour prendre une décision ? Les premières familles arriveront sur notre territoire d'ici une semaine ! Vous nous mettez le couteau sous la gorge ! Que voulez-vous que nous préparions d'ici une semaine ?

— Nous nous occupons de tout, ou presque, Monsieur le Président. Autorisez-nous à nous installer sur votre territoire, et nous deviendrons de fidèles citoyens de la République.

— Il y a visiblement des choses que vous ignorez, Monsieur l'Ambassadeur. Nos frontières du sud s'ouvrent sur l'Afghanistan à l'est et l'Iran à l'ouest. Deux pays particulièrement belliqueux qui risquent de prendre la mouche de votre présence et du triplement de notre population.

— Mais…

— Laissez-moi finir ! L'aide que viennent de vous apporter la Russie et les Américains, contre la Chine, n'est pas passée inaperçue. Les Français s'en mêlent aussi, et derrière, le spectre de l'Europe plane sur nos terres. C'est tout l'Occident qui entre dans la danse.

— Et...

— Et ce n'est pas tout : l'Inde !

— L'Inde ? Que vient faire l'Inde dans cette histoire ?

— Dès que l'on touche à la Route de la Soie, l'Inde se pose la question de la Route des Épices. Voyons...

Farhod se dirige vers un planisphère qui trône, à l'ancienne, dans un coin de son bureau.

— La Chine est en train d'annexer le Kirghizistan, ce qui fragilise le Tadjikistan et inquiète l'Afghanistan. Si ce dernier entre dans la danse, le Pakistan sera à son tour en danger. Ils sont suffisamment paranoïaques pour se sentir concernés. Si le Pakistan bouge, l'Inde va bouger. Les deux pays possèdent la bombe atomique, monsieur l'ambassadeur. Ils ne s'aiment pas depuis leur indépendance. C'est toute cette partie du monde qui risque l'embrasement. Les Américains ont parlé de « l'effet domino » pour décrire ces mécanismes.

Farhod se rassoit à son grand bureau.

— Nous ne sommes pas un pays particulièrement démocratique, monsieur l'ambassadeur. Vos amis « de la Vague » vont devoir apprendre, et vite, à respecter nos coutumes. Nos voisins sont trop puissants, trop nationalistes et trop expansionnistes pour que nous laissions dire et faire n'importe quoi qui mettrait en cause notre intégrité. Nous ne pouvons pas vous empêcher de venir ici, vous êtes trop nombreux. Mais nous pouvons résister et provoquer un conflit qui sera certainement sanglant des deux côtés.

— Notre nombre peut être aussi une source de dynamisme qui créera un nouveau pôle de développement.

— Vous marchez sur des œufs, Monsieur l'Ambassadeur. Soyez soucieux d'éviter de faire une omelette.

Farhod ne comprend pas le sourire de « l'Ambassadeur », qui pense à d'autres « omelettes », celles qui ont lancé la révolte ouïghoure[39].

John et Piotr, se soutenant l'un l'autre, marchaient depuis des heures, et sentaient l'épuisement les gagner.

Ils avaient vu, de loin, des soldats chinois arpenter les plateaux et investir les vallées, fourmis innombrables à la recherche de cibles. D'un commun accord, ils avaient décidé de continuer, coûte que coûte, leur chemin vers l'ouest. Les traces de leur passage restaient visibles, et ils ne pouvaient rien faire pour les effacer. Ils s'enfonçaient souvent dans la poudreuse, et créaient des trous que le moindre drone pouvait identifier. Ils n'avaient qu'un espoir : que leurs balises individuelles soient captées par des amis et que quelqu'un vienne les chercher rapidement. Pour économiser les batteries, ils fermaient alternativement les balises. Mais ils savaient aussi que les montagnes formaient un barrage naturel aux ondes et que la portée de leur équipement était limitée.

Ils avaient passé une partie de la nuit à marcher, pour éviter le froid, mais ils avaient dû s'arrêter pour dormir un peu. Un trou dans la neige leur avait servi de refuge précaire, mais le froid, toujours lui, les avaient contraints à se remettre en marche.

— Bon sang, où sont-ils ? Je n'arrive plus à capter cette fichue balise !

Jean-Pierre s'énervait, et ce n'était pas bon signe. Christine se sentit obligée de le recentrer un peu.

— Ne t'énerve pas : tu sais que les montagnes et les glaciers réverbèrent les ondes. On a l'impression qu'ils sont à bâbord, alors que ce n'est qu'un écho d'une émission à tribord.

---

[39] Voir le tome 1 – « Les Trois Sœurs » – et l'histoire de la Deuxième Vague.

Leur hélicoptère, un EC665 de combat tout neuf, est une merveille de technologies embarquées, de furtivité et de puissance de feu. Sous les doigts de Christine, sa commandante de bord, il réagit à la perfection. Jean-Pierre, lui, se concentre sur les données récupérées par l'IA de bord. À eux deux, ils accumulent plus de cinq mille heures de vol en tandem sur de nombreux théâtres d'opérations « chauds ». Et leurs armes ont souvent « réglé » quelques problèmes épineux.

Se retrouver face à l'APL est pourtant impressionnant. Sans les paralyser, la crainte est présente à chaque décision prise et à chaque kilomètre gagné vers l'est, au ras du sol en territoire kirghize.

— Nous allons arriver sur un plateau. S'ils ont du mal à marcher, les estimations nous donnent celui-là comme probable.

L'appareil monte au-dessus d'un nouveau col et l'accélération fait réagir leurs combinaisons de vol. Les armes sont prêtes à répliquer en cas d'identification d'un appareil ennemi, ou d'un blindé, mais jusqu'à présent, les alarmes sont silencieuses.

— Marc et Charlie ? Nous arrivons sur un nouveau plateau. Pas de réaction ennemie.

— *Bien reçu, nous vous suivons.*

« Marc et Charlie » pilotent un EC775, et les suivent à quelques kilomètres. Ils sont chargés de récupérer au sol les pilotes survivants pendant qu'eux-mêmes protègeraient leur extraction.

Christine sent l'excitation vriller ses nerfs. Elle dispose d'une puissance de feu incomparable, et ne craint pas grand-chose, hormis un avion de chasse ou des missiles sol-air non détectés.

— Pas de mouvement au sol. Espace aérien dégagé.

Le ton de voix de Jean-Pierre montre qu'il a repris sa contenance.

— Ok, on avance.

Elle lance son engin sur le plateau, à vitesse réduite pour augmenter les chances de capter un signal. Les deux pilotes perdus sont les derniers. Les autres sont déjà en Ouzbékistan, ou sont morts. Ironie du sort, les hélicos alliés, Russes et Américains, sont loin, en maintenance après les premiers sauvetages. Seuls les appareils français sont encore disponibles pour aller chercher ce couple américano-russe encore improbable il y a quelques mois. Tout un symbole, qui fait sourire Christine sous sa visière.

— *Nous arrivons sur le plateau. Nous vous « voyons ».*

Jean-Pierre enregistre l'arrivée du signal radar de l'autre appareil qui débouche à leur altitude. Ils sont à quelques kilomètres derrière eux. Quelques secondes pour les rattraper, si nécessaire.

— Je vais voler en zigzag entre deux massifs : s'ils sont sur l'un des flancs de la vallée, nous les verrons plus facilement.

— D'accord : j'augmente la puissance de détection.

— D'accord.

Tous deux savent que les Chinois allaient pouvoir les détecter, eux aussi plus facilement, mais l'enjeu est trop grand.

Christine entame un vol nord-sud puis sud-nord et ainsi de suite, en progressant vers l'est.

Soudain, Jean-Pierre s'esclaffe :

— Je l'ai ! Droit devant : 5.000 mètres !

— *Nous arrivons !*

— Attendez confirmation avant d'approcher !

— *Bien reçu !*

En quelques dizaines de secondes, ils sont au-dessus de l'émetteur du signal. Mais, à part un grand mouvement de neige, il n'y a rien. Elle se positionne un peu plus loin, pour éviter tout piège.

— J'essaie de les joindre en phonie.

— OK

— Pilotes, ici Christine, Armée de l'air française. Nous venons vous récupérer !

Après l'anglais, elle répète la phrase en russe, et en français. Les haut-parleurs sont puissants, elle ne peut passer inaperçue.

— Des drones chinois se dirigent vers nous !

Un mouvement, dans la neige, des bras qui émergent et deux têtes hilares et des mains qui s'agitent vers eux !

— Position confirmée, deux pilotes ! Faites vite : des drones de combat arrivent.

— *Bien reçu nous sommes là dans une minute.*

— Ils sont à combien les drones ?

— À dix minutes d'ici !

— Combien ?

— Dix en formation.

— OK, on va à leur rencontre. Mini-missiles d'interception et tirs canons directs.

Leur hélicoptère est équipé de nouvelles munitions anti-drones, des « missiles drones », des « MD » à courte portée, dirigées depuis l'IA du bord.

Les drones de combats – ces « petits jouets » comme les appellent dédaigneusement les pilotes – peuvent détruire un hélico ou un avion de chasse pour un coût d'un à dix mille. Les missiles air-air traditionnels sont quasi impuissants contre eux, trop maniables, et il avait fallu inventer de nouvelles armes. Les MD sont peu coûteux, rapides à reproduire, et peuvent percuter les drones adverses à la manière des kamikazes pour les endommager sévèrement avec une charge explosive réduite.

— *Nous arrivons sur site. Nous voyons les deux pilotes. Nous nous posons.*

Pendant qu'elle se précipite à la rencontre des drones chinois, Christine imagine les trois commandos embarqués dans l'EC775 sauter à terre pour sécuriser les abords et aider les pilotes – sans doute blessés – à embarquer.

— Portée de tir dans trente secondes !

Elle déverrouille les MD et le canon de proue.

— Attention, au top ! Trois ! Deux ! Un ! Top !

Elle lance un essaim de MD à la rencontre de la flottille adverse qui se disperse en éventail.

— Ils nous ont vus !

— Tu m'étonnes !

Des explosions, dans le ciel, devant eux, leur annoncent que les MD ont rencontré leurs cibles.

— Huit ! Neuf ! Neuf abattus, il en reste un droit devant !

Les écrans de bord montrent que l'IA a verrouillé le drone survivant et avant même que Christine en ait ordonné le feu, les canons le détruisent.

— Dix !

— Ok, on rentre !

— Pilotes embarqués, blessures légères et premiers soins à bord. On rentre ! Rejoignez-nous !

— Ça donne envie de chanter la Marseillaise !

— Ne nous fous pas la poisse, toi ! Ce soir, au mess, c'est toi qui payes la tournée générale !

Jean-Pierre fait la grimace, mais beau joueur, sourit aux exclamations enthousiastes en provenance de l'autre appareil.

— Ici central AWACS ! Des Rafales vous attendent à la frontière. Ne les faites pas attendre.

— Bien reçu central : nous mettons la gomme !

Beijing – Chine – 15/01 – Mois 4

— Où en sommes-nous, Huáng Yǔháng ?

Le Chef d'état-major général de l'APL est livide. Il a du mal à se tenir debout, et Zhang le sait très bien.

— Nos avions…

— Combien ? Combien sont revenus de cette bataille ?

— Qu… Quatre. Quatre J11… En mauvais état. Les pilotes blessés.

Zhang a entendu les rumeurs, il a ses propres sources de renseignements, mais la nouvelle confirmée lui noue le ventre. Quatre-vingt-quatorze avions détruits !

— Et nos pilotes ?

— Nous les recherchons encore. Beaucoup n'ont pas survécu à l'explosion de leur appareil. Pour le moment, nous avons retrouvé une douzaine de cadavres. L'affrontement s'est déroulé dans une zone que nous ne contrôlons pas.

— Et en face ?

— Ils ont tous été détruits, Camarade Secrétaire. Quarante-huit. La totalité !

— Leurs pilotes ?

— Heu… Nous ne savons pas encore, Camarade Secrétaire.

— Vous ne savez pas grand-chose, Huáng Yǔháng !

— Nos satellites ne répondent plus… Ils semblent avoir été anéantis…

— Ça, je sais ! Tous nos satellites, civils, militaires, de communication ou de télévision ! Par une force furtive de satellites tueurs, sans que nous identifiions s'ils sont américains ou russes ! Et nos propres satellites tueurs rendus incapables de répondre ou simplement de se défendre ! Tout ceci est un gâchis sans nom ! Des têtes vont sauter, je vous le dis !

— Nos forces ne rencontrent pas d'opposition au Kirghizistan…

Zhang cracha par terre, hors de lui :

— Pas *encore* : les Kirghizes nous attendent à Bichkek ! Et le temps que nous arrivions à concentrer nos troupes en face de la capitale, ils auront tout le loisir nécessaire pour s'équiper et s'organiser. Leur pays est un fichu désert froid, ils le savent mieux que nous : les troupes de Hui Jin sont dispersées, et nous n'avons plus d'aviation à leur opposer !

— Les hélicop…

— Les hélicoptères sont peu nombreux, et vulnérables aux missiles américains. Hui Jin ne dispose que de blindés légers, et il nous est impossible de lui en fournir d'autres. J'en ai discuté avec lui tout à l'heure. Il va faire le siège de la capitale, à l'ancienne, le temps que nous nous organisions un peu mieux. Et pour nous donner du temps, nous allons devoir utiliser nos missiles de croisière, et pour cela, dégarnir la côte est et affaiblir notre pression sur Taïwan !

— Un siège ?

— Oui, un siège !

— Mais je…

— Vous, je ? Huáng Yǔháng ! Retirez-vous sur vos terres ! Vous êtes démis de vos fonctions ! Votre incapacité à prévoir tout ceci est catastrophique pour notre avenir. Sortez avant que je vous explose la tête !

Le mess des Français est plein de pilotes heureux d'être encore en vie ! Certains arborent des pansements, certains boitent un peu, mais tous ont voulu être présents. Même les généraux des trois armées se sont mêlés – avec modération – à la beuverie collective qui mélange allègrement whisky, vodka, Cognac et Champagne.

Jean-Pierre n'a pas eu besoin de payer une « tournée générale », car Paris a décidé de fêter leur victoire commune et de financer l'« open bar » de ce soir.

Une minute de silence, au début de la soirée, a rendu hommage aux trois pilotes, sur quarante-huit, morts en opération, deux Russes et un Américain. Leurs corps ne pourraient pas être récupérés, encastrés dans les débris enchevêtrés et dispersés de leurs avions quelque part au Kirghizistan. Il y aurait un temps de cérémonie d'aide aux familles – à eux trois, ils laissaient sept enfants – et d'hommages nationaux, mais la soirée était à la fête de la vie !

Le général François apporte trois flutes et une bouteille de Champagne à ses homologues américain et russe qui l'accueillent à leur table avec le sourire.
— Messieurs, à la vie !
— À la vie !
— Zdorovye ! K zhizni !
Ils dégustent un champagne millésimé un peu différent de celui distribué aux pilotes, et apprécient le moment en silence.
Fiodor claque sa langue, et reprend la parole :
— Je crois, Matthiew, que nous pouvons remercier François pour cette petite idée qui fait toute la différence aujourd'hui.
— Oui, je suis d'accord. Je ne sais pas quel technicien a pris cette initiative, mais il a droit à une caisse de bon whisky et à une médaille !
— Et à une caisse de vodka !
— Envoyez-les-moi, je lui ferais parvenir avec une caisse de Champagne. Il a déjà été averti, avec sa Légion d'honneur, que son idée était une réussite !
— Vous ne voulez vraiment pas dire qui c'est ?
— Il est voué à un grand avenir, alors, nous n'avons pas envie que vous nous le piquiez !
La « petite idée » en question était toute simple, dans le principe, et difficile à mettre en œuvre en peu de temps. Mais le programmeur français, un jeune d'une vingtaine d'années, avait réussi son pari.

Il avait ajouté à la programmation de l'IA de bord une consigne « d'éjection immédiate » en cas de « destruction imminente » de l'appareil. Le pilote perdait son avion, mais pas forcément la vie. Toute la difficulté était bien entendu de définir pour l'IA ce que pouvait bien être une « destruction imminente ». Tout se jouait à quelques centièmes de seconde, mais c'était aussi la différence entre la vie et la mort.

Installée sur les Rafales, les Français avaient partagé cette instruction avec les IA russes et américaines en un temps record. Mais visiblement, les Chinois n'avaient pas les mêmes priorités, et leurs pertes devaient être sévères.

— Nous n'avons plus aucune nouvelle de Chine ?

— Je crois… Je crois qu'ils rencontrent quelques difficultés avec des taches solaires qui brouillent leurs satellites…

Le sourire de Matthew trahit l'intervention des Américains et le déroulement d'un nouvel épisode de la « Guerre des Étoiles ».

— Les taches solaires, hein ?

Fiodor tend sa flute pour que le Français la lui remplisse à nouveau :

— À la santé des taches solaires !

Les trois généraux sourient à la vie :

— À la santé des taches solaires !

Leurs flutes vides, François va chercher une nouvelle bouteille de Champagne. Un espace de danse a été ouvert au milieu de la salle, et les couples commencent à s'organiser. La musique est encore à un niveau raisonnable, mais cela ne va sans doute pas durer. Stress, alcool et victoire, la soirée allait être « conviviale » et chaude.

Son grade lui ouvre le passage et il arrive rapidement au bar.

— Je vous apporte une autre bouteille mon Général ?

— Oui, nos amis apprécient…

— Et une « cuvée spéciale » ! Une !

Le barman sort une bouteille, identique à la première, d'un petit réfrigérateur « spécial » coincé dans un coin du bar.

— Le Président a du goût, mon Général !

— Oui, je n'en doute pas ! Ce n'est pas pressé, mais vous m'enverrez les suivantes dans mes quartiers, merci.

— Voilà messieurs, de quoi continuer. Je crois, en parlant de continuer, que nous devrions changer de décor : celui-ci va devenir invivable bientôt !

— Tu as raison, François. Je vous invite au mess russe ! Que nous goûtions aussi à cette sublime vodka en direct de la Place Rouge !

— Oh ! Je vous invite au mess américain ! Que nous goûtions à ce sublime whisky en provenance de Washington !

— Messieurs, messieurs, ne lançons pas de polémique aujourd'hui. Je vous invite dans mes quartiers, où j'ai une bouteille de Cognac hors d'âge, et demain, nous irons chez Fiodor, et après-demain chez Matthew : cela vous convient-il ?

— Ok !

— Da !

— Alors c'est parti ! À chacun son verre, direction la sortie ! Souriez, on vous regarde !

— Sacrée performance !

Ils ont eu besoin d'une bonne demi-heure pour sortir du mess et de la fête, mais ils ont réussi à atteindre les quartiers de François : un petit appartement à l'allure banale, mais protégé électroniquement, et disposant d'un « salon » de discussion jouissant de fauteuils confortables.

— Ouf, j'ai cru que nous n'y arriverions pas. Superbe, votre pilote, Fiodor ! Aksana, c'est ça ?

— Oui, François, mais fidèle à son mari, qui travaille aussi dans la base, à l'état-major.

— Ah… Dommage… Bon… Où en étions-nous ? Ah, oui : que pensez-vous de la nouvelle situation, après cette bataille ? Que vont faire les Chinois ?

Un léger malaise s'installe entre les trois hommes : les vieilles habitudes de secret ont la vie dure. Après quelques instants, François se sent obligé de rompre le silence.

— Bon… Je vais commencer… Je crois, messieurs, que nous avons évité aujourd'hui une troisième guerre mondiale.

Les deux autres généraux ne commentent pas, mais soufflent discrètement pour vider leurs poumons de la tension qui les occupe en permanence.

— Nous sommes d'accord… Donc… Les Chinois vont envahir le Kirghizistan, et nous n'y pouvons pas grand-chose. Les Kirghizes vont résister, un peu, de quoi sauver la face, mais ils n'y pourront rien non plus. En revanche, les Chinois n'iront pas plus loin. Du moins, pour l'instant. Ils ne le peuvent pas sans décréter une mobilisation générale. La bataille d'aujourd'hui leur a coûté très cher. En monnaie, en matériel, mais aussi en pilotes. Il leur reste une flotte d'hélicoptères conséquente, mais nous avons vu qu'ils sont vulnérables à tes missiles sol-air, Matthew !

Celui-ci sourit et finit sa flute de Champagne.

— Quant à leurs missiles de croisière, ils sont redoutables, mais ils coûtent cher, et ils ne peuvent en produire à la chaîne. Pour l'instant, ils sont orientés vers Taïwan, mais, toujours au vu de cette bataille d'aujourd'hui, ils peuvent réviser leur stratégie. Vladivostok, sur la côte est, peut devenir une nouvelle cible, Fiodor !

Lui aussi finit sa flute.

— J'ai compris, je vais chercher le Cognac !

François revient avec une bouteille noire à l'étiquette dorée, et trois verres ballons. Il la débouche et sert un demi-verre à chacun. Le parfum incomparable du Cognac envahit l'espace…

— Un hors d'âge… Il a au moins cinquante ans… À déguster lentement ! À votre santé !

— Zdorovye !

— To victory !

— Oui, à la Victoire ! Où en étais-je ? Oui, aux missiles de croisière… Outre la frontière nord-est et Vladivostok, cette base devient à son tour une cible de choix. Nous sommes d'accord ?

Fiodor approuve de la tête :

— Je crois que oui, mais, si notre ami Matthew a raison sur la neutralisation de la menace venue de l'espace…

— Je crois savoir que tout est détruit en dehors de leurs satellites scientifiques et de leur station spatiale…

— Impressionnant… Je disais donc, il reste deux armes qu'ils n'ont pas encore utilisées : le nucléaire et le numérique.

Matthew réagit le premier :

— Le nucléaire a besoin des satellites pour se diriger. Ou d'un bombardier furtif. Dans le premier cas, ils ne pourront pas le faire tout de suite. Dans le deuxième, nos AWACS et nos missiles sol-air pourront y remédier.

François approuve, mais Fiodor reprend la main :

— Le numérique aussi a besoin de satellites pour se diffuser. Mais les Chinois ont d'honorables correspondants dans tous les pays, et ils peuvent se servir des réseaux locaux. Je propose que nous nous en occupions : nos… spécialistes, à Moscou, ont beaucoup d'expérience en la matière…

François et Matthew se regardent en soupirant : les Russes ont nui sur tous les continents et contre tous les pays ! Leurs hackers, officiels ou truands, sont redoutés, et redoutables.

Pour la forme, ils approuvent la proposition de Fiodor en se réservant le droit de mobiliser leurs propres experts.

Mais François a encore des choses à dire :

— Pour moi, ce ne sont pas deux, mais quatre armes que les Chinois n'ont pas encore utilisées. Le nucléaire, le numérique, mais aussi le biologique et le chimique.

Fiodor manque de s'étrangler avec son reste de Cognac.

— Que les Dieux de la guerre nous protègent de ces cochonneries ! On sait quand ça commence, jamais jusqu'où cela peut aller.

François approuve d'un hochement de tête…

— Je crois que nous avons besoin d'un peu de repos : la journée a été longue. Nous devons aussi communiquer nos analyses auprès de nos différents gouvernements et attendre leur approbation. Je crois aussi que nous allons devoir récupérer nos pilotes et les envoyer au lit…

Sourires partagés des trois généraux.

— Mes pilotes de Rafales, en dehors de ceux qui ont participé aux opérations de protection de la frontière, n'ont pas été conviés à la beuverie de ce soir : ils restent mobilisables en cas d'alerte. Pareil pour les hélicos. Donc, dormez tranquilles, messieurs !

— De toute manière, nous n'avons plus d'avions…

— C'est bien vrai, ça…

Champagne plus Cognac, les trois généraux ont du mal à se lever une fois « l'ordre du jour » épuisé. François les raccompagne vers la sortie et appelle son ordonnance de garde : il doit joindre le président Axel pour lui assurer un retour de cette conversation stratégique.

XIII – RESSAC

La traversée de la Tanzanie prend plus de temps que prévu, mais pour des raisons louables : l'accueil des populations locales y est particulièrement chaleureux. Le convoi progresse de fêtes en palabres, et chaque fois, se grossit de tribus entières, qui veulent les accompagner « jusqu'à Londres ».

Les Maasaï sont de ceux-là, et leur groupe se compose de plus de deux cents familles qui protestent contre la spoliation de leurs terrains du Serengeti par les compagnies étrangères de tourisme de masse. Ils adhèrent aussi à la revendication sur l'eau.

Melkiory, le « colonel » tanzanien, s'est lié d'amitié avec le chef Swazi, Thandwa, et ensemble, aidés des militaires tanzaniens, ils entraînent les « forces de police » du groupe sous le couvert de chasse au gibier. La « viande de brousse » est majoritaire au menu. Malcolm ne peut lui reprocher cela, « Ceux de la Vague », en dépit de leur multitude, mangent à leur faim tous les jours.

Cependant, Malcolm est toujours réservé : pour lui, ce « colonel » cache « des choses ». Il n'aime pas non plus qu'il s'approche trop de Danya, et s'en est ouvert à ses parents qui, depuis, protègent mieux la petite.

Pour Malcolm, Melkiory n'est pas ce qu'il dit être. Quand on le questionne sur son passé, il dévie très vite la conversation. C'est un homme d'action, et il mérite sans doute son grade. Il a une formation militaire, et ses hommes le vénèrent. La population locale semble toujours le connaître, même dans les coins les plus retirés. Mais quand on les questionne, ils évitent de répondre autrement que par des périphrases ésotériques, du type « il est protégé des djinns », ou « il est né sous l'étoile ». Comment ? Laquelle ? Ils n'en savent rien.

En attendant, Malcolm apprécie la beauté des paysages qu'ils traversent. Ils ont parcouru le Serengeti et ses troupeaux de millions de gnous encadrés par les groupes de fauves. C'est le début de la migration, et aussi le début des pluies, diluviennes. Les camions et les voitures doivent faire de nombreux détours pour avancer vers le nord. Et nombre de véhicules se sont embourbés.

Ils étaient passés non loin de la Vallée du Grand Rift, une faille géologique vieille de 30 millions d'années qui était le berceau de l'Humanité. La célèbre australopithèque « Lucy » avait été découverte à quelques kilomètres d'ici, en Éthiopie.

Melkiory connaît l'histoire de l'Afrique et, au bivouac, il a raconté comme une épopée les découvertes réalisées par les scientifiques occidentaux : Danya a adoré !
Elle a ensuite imaginé une bande dessinée avec une Lucy fantaisiste qui finit par se mettre debout parce que la grande faille s'élargissait, et qu'elle essayait de fuir les éruptions du somptueux volcan Ngorongoro.

Danya n'a retenu qu'une chose : Melkiory a décrit le volcan à son apogée et avant qu'il ne s'écroule sur lui-même, comme une montagne colossale plus grande que le Kilimandjaro, que l'on voyait au loin.
De la réalité du volcan, ils en ont approché le cratère de plus de 20 km de diamètre : elle a été déçue. Écroulé depuis longtemps, assez plat, il s'organise autour d'un lac dans lequel pataugent flamants roses, hippopotames et buffles.

Le buffle… Un mets de choix qu'ils ont partagé le soir.
Malcolm, lui, n'a vu dans ce paysage grandiose que les hôtels à richissimes touristes qui s'étalent complaisamment tout autour du cratère, abusant de cocktails et de piscine dans un pays qui manque d'eau douce.

Melkiory l'a ramené à plus de réalisme :
— Mon pays, Malcolm, doit sa survie et son développement grâce à ce tourisme de luxe. Le thé et le café, le coton,

les épices représentent la deuxième richesse, mais as-tu déjà essayé de manger du coton ? Et ni le thé ni le café ne nourrissent les enfants. Il reste quoi ? L'exploitation du sous-sol ? Oui, nous avons de l'or ! Et aussi du charbon, qui ne nous sert plus à grand-chose… Mais là, nous devons encore nous affranchir des banques et des grandes compagnies européennes, américaines ou chinoises. Alors il nous reste quoi ? Les nouvelles technologies : l'éolien, la géothermie avec ce volcan, ou des barrages… Mais ces derniers sont menacés par le manque d'eau et le réchauffement climatique. Le solaire pourrait être une solution : ce n'est pas le soleil qui manque ! Mais tout cela demande encore des investissements colossaux que nous ne possédons pas. Construire un pays est une tâche à long terme… Alors si quelques oiseaux ou hippo attirent des gens qui sont prêts à payer pour les voir et les photographier, pourquoi pas ? Du moment qu'ils respectent ce qu'ils voient. Les braconniers sont des nuisibles, pas les touristes quand ils sont bien encadrés. J'aime beaucoup les Maasaï, mais leur mode de vie est un frein au progrès. C'est bien qu'ils nous accompagnent jusqu'à Londres, cela va peut-être leur ouvrir les yeux.

Malcolm n'a pas relevé le fait que Melkiory parle de « nous » dans le fait d'aller jusqu'à Londres : il a, semble-t-il décidé de continuer de l'autre côté de la frontière.

Ils l'avaient passé la veille, cette frontière kenyane, sans que rien, or le GPS des voitures, ne leur indique qu'ils changeaient de pays. Ils suivaient plus ou moins le Grand Rift qui montait vers le nord, et le paysage était majestueux : ils passaient de volcans en volcans. Mais leur prochaine vraie destination est Nairobi, la capitale.

Ceux de la Vague forment un convoi très coloré, même si la poussière prend le pas sur l'éclat des boubous. Des couleurs de peau cohabitent, de toutes les nuances, du noir profond à l'acajou poli, mais aussi avec le bronze des Indiens, et le blanc rose des Asiatiques et des descendants d'Européens. Une humanité qui coexiste en bonne harmonie, car elle poursuit un but noble : « We need water ! We need it now ! ».

Des chanteurs modernes, venus de tous les coins du continent, se sont insérés dans le convoi, et ils composent chaque soir des chansons sur leur épopée. Leur musique, chaloupée en reggae, et leurs mélodies slamées, alternent à présent avec les tambours, les chants, et les danses traditionnelles.

Un vrai condensé d'Afrique, cette « Vague », qui passe aussi par des armes les plus diverses, de la sagaie à la machette, et à la Kalashnikov qui ne se dissimule plus.

Le camp s'endort, mais Malcolm, s'il est épuisé, n'a pas sommeil. Il profite de la tombée de la nuit pour tenter de se détendre. Se promener dans le bivouac du soir, c'est entendre parler vingt langues, et sentir mille parfums d'épices différentes mijoter dans les marmites et griller sur les barbecues improvisés. Depuis leur départ, il n'a pas entendu une seule dispute. Il n'a pas enregistré une seule bagarre. Une paix inespérée, mais bienvenue.

La nuit, dans la savane, n'est pas calme pour autant : les prédateurs rodent, lions, léopards, guépards, avec leurs cohortes de hyènes et parfois de lycaons. Les guetteurs ont fort à faire, mais jusqu'à présent, ils ont réussi à éviter les accidents.

Malcolm est un petit intellectuel de la ville : il craint la nuit noire. Il sursaute au moindre bruit, cri, rugissement, grognement, barrissement, meuglement, hennissement, vagissement ou piaillement. Il commence tant bien que mal à calmer ses peurs et à identifier les animaux qui se manifestent ainsi, mais il lui reste beaucoup à apprendre… Comment éviter les serpents, ou penser à regarder si un scorpion ne s'est pas glissé dans ses chaussures pendant la nuit. De petites attentions que les guerriers et les traqueurs ont enregistrées dans leur peau depuis leur petite enfance.

Avec l'afflux de populations locales, Melkiory avait eu beaucoup de travail pour canaliser la recherche de nourriture et encadrer les parties de chasse. Pour certaines tribus, les lions ou les éléphants étaient des mets sacrés entourés d'un symbolisme ésotérique et sexuel fort. Le « colonel » avait dû palabrer des jours durant pour expliquer pourquoi il fallait changer les traditions. Il avait expliqué longuement, et au travers d'histoires à rallonge qui mêlaient les Ancêtres et les Dieux, que le buffle tuait plus de personnes que le lion, et donc, qu'il était plus vaillant de le traquer que toute autre bête de la savane. Les anciens et les sorciers avaient bien ronchonné, mais ils n'avaient rien dit devant l'enthousiasme des jeunes chasseurs. Et « Ceux de la Vague » avaient de quoi manger chaque soir.

1ÈRE VAGUE – BUENOS AIRES – ARGENTINE – 22/01 – MOIS 4

— Il semble que nous les ayons retrouvés, Monsieur le Président !

— Qui ça ?

— « Ceux de la Vague », Monsieur !

— Ah, oui… Alors, où sont-ils ?

— Nous venons de recevoir un rapport des Américains. Ils se sont fait aider d'une IA pour analyser les flux de population dans le pays. Vision à partir de satellites… Nous avons toujours un convoi qui avance vers Buenos Aires, avec des vieillards, des malades…

— Oui, ça, on le sait…

— L'IA américaine nous dit que ce convoi grossit chaque jour de quinze à vingt pour cent. Un afflux de population qui vide nos campagnes. Les cartels agricoles se plaignent de la disparition de leurs ouvriers qui, du jour au lendemain, quittent tout, avec leurs familles.

Le Président argentin, Sebastian, grince des dents. Ce type commence à l'énerver… Un changement va être nécessaire, au moins pour préserver sa propre santé mentale et son équilibre.

— Au fait ! Où sont les autres ?

Le gars est mielleux, et limité : il commence seulement à comprendre qu'il énerve son interlocuteur.

— L'IA a trouvé des corrélations et en déduit que la Vague va se reformer aux alentours de Vicuña Mackenna, sur la nationale 7 en direction du Chili.

— Vicuña Mackenna…

Sebastian cherche dans sa mémoire : une ville importante, de deux millions d'habitants, dans la province de Cordoba. Une économie rurale avec de grandes exploitations de maïs, soja et cacahouètes. Des industries de transformation, mais rien d'extraordinaire. Le passage de la Vague va encore ponctionner les forces vives… Des problèmes en perspective…

— C'est à 550 km de la capitale.

— Oui, je connais la géographie de mon pays ! Laissez-moi ce rapport, merci.

— Monsieur le Président… Il y a plus… Au total, les Américains ont comptabilisé plus de deux millions de « marcheurs ».

— Deux millions ? C'est du délire !

— Oui Monsieur…

— Il vient de qui, au fait, ce rapport ?

— CIA, Monsieur le Président…

Sebastian fait une grimace suffisamment explicite sur son sentiment vis-à-vis de la tentaculaire agence américaine.

Dès le départ de son « conseiller », il ouvre le document.

L'exposé est en anglais, bien entendu, ce qui ne manque pas d'alimenter sa mauvaise humeur.

Il laisse le texte pour plus tard, après traduction. Ce qui l'intéresse directement, c'est une carte du pays qui détaille les différents flux principaux de population.

Le travail de l'IA est remarquable, quand bien même son principe est inquiétant : un « simple » satellite espionne son territoire au quotidien, et en tire des conclusions… Elle a analysé des millions de données et le schéma montre précisément deux flux principaux. Le premier illustre le convoi qui chemine sur la nationale 22, en direction de Bahía Blanca. Un « trait » unique de couleur qui grossit chaque jour. Le second, en revanche, est un faisceau de fins traits qui convergent tous, finalement, vers Vicuña Mackenna.

La stratégie des marcheurs est impressionnante. Sans un « cerveau » bien organisé, ils se sont débrouillés pour avancer « discrètement » en évitant la capitale.

L'excuse de « l'ordre public » ne pourra pas fonctionner… Il ne pourra pas envoyer l'armée face à des vieillards et des malades. Et les freiner alors qu'ils n'ont qu'une envie, c'est de rejoindre la panaméricaine au Chili, ce serait contre-productif…

Il allait devoir faire autrement.

— Appelez-moi le maire de Vicuña Mackenna ! Et après, le chef d'état-major des armées !

— L'encerclement de Bichkek est complet, mon Général.

Hui Jin est sceptique : un siège n'est jamais totalement étanche. Les Kirghizes ont eu le temps de s'organiser, et les forces de l'APL ne sont pas encore à la hauteur des besoins.

L'aviation a été détruite, et les flottes d'hélicoptères ont appris la prudence. Un missile de croisière qui visait le palais présidentiel de Bichkek, à titre de test, avait été détruit avant d'atteindre sa cible par des défenses antiaériennes d'origine américaine. Il n'avait pas demandé à renouveler l'expérience.

Sur ses ordres, l'APL n'a pas cherché l'affrontement et l'armée kirghize s'est prudemment retranchée derrière ses propres lignes. Le siège est, pour l'instant, d'un calme trompeur. Seuls de temps à autre, des tirs de snipers – dans les deux camps – rompent le silence et relancent l'attention.

Pour ce qui est du reste du territoire, il ne se fait pas de souci : le Kirghizistan est à eux ! Ce pays est un vaste désert d'altitude, et les quelques éleveurs qui n'ont pas fui leur avancée sont des vieillards pour la plupart inoffensifs. Le climat et l'altitude tuent plus facilement que les vieilles pétoires qui les protègent des loups.

— Montrez-moi ça !

Le jeune lieutenant qui lui fait face pianote sur sa console et l'un des grands écrans du poste de commandement s'illumine d'une carte de la région. Un à un, des points rouges s'allument, indiquant les positions de l'APL autour de la ville. Chaque poste, semi-enterré, est équipé de radars, de défense antiaérienne, de défense contre les attaques terrestres, et protégé par un champ de mines.

Hui Jin vérifie un à un les données et constate que les couvertures radar se superposent bien : le moindre individu qui tenterait de passer serait repéré.

Cinq à cinq, les postes sont reliés, à l'arrière, à un centre de commandement intermédiaire, lui-même relié au P.C.

central par onde et câble. Une organisation en toile simple, mais efficace.

— Le génie a fait du bon boulot.

— Les guidages automatiques des mitrailleuses sont activés, mon Général. À partir de maintenant, un gars qui tente de sortir sera détecté, et tué en moins de trente secondes.

— Les drones ?

— Cinquante drones sont commandés par l'IA principale, mais à partir des alertes venues des postes et des PC intermédiaires. Ils ont pour mission d'identifier les menaces, et ils peuvent intervenir si nécessaire. Une dizaine de drones d'attaque supplémentaires sont à votre service.

— Très bien.

— Si vous souhaitez, ils peuvent aussi opérer en secteur ennemi ?

Le jeune lieutenant est tout sourire…

— Je suis le seul à pouvoir en décider, Lieutenant !

Son sourire disparaît.

— Oui, bien sûr, mon Général !

— Laissez votre carte à mes techniciens, elle va leur être très utile.

— Oui, mon Général !

Le jeune gars exécute un demi-tour un peu crispé, mais impeccable, ce qui fait sourire à son tour le Général :

— Lieutenant !

— Mon Général ?

— Bon travail ! Félicitez vos équipes.

— Merci mon général !

Mais le rictus de Hui Jin disparaît dès que le gamin a tourné les talons. Il lui manque de l'artillerie. Il n'a pas envie de détruire la ville, mais il a besoin de leur faire peur. Un bon tapis de bombes, cela remet à leur place les estomacs les plus solides.

Ming-yue[40], la nouvelle Cheffe d'état-major général de l'APL, lui a annoncé une livraison dans cinq jours. Après leur installation, ou pendant, il enverra un émissaire négocier. Et après encore, il attaquera.

---

[40] Selon les traductions, « le secret du sang » ou « il y a un puits dans l'eau »…

Il repensa à Ming-yue : comme tous ses collègues, il ne regrettait pas Huáng Yǔháng, jugé par tous, vieux et trop lent pour une guerre moderne. Mais que Zhang ait nommé une femme pour le remplacer les avait sonnés. Elle était jeune, brillante, avec au moins deux ou trois doctorats, et parlait une douzaine de langues. Elle avait fait ses classes sur la côte est, face aux Américains, et avait gagné des parties stratégiques importantes. C'était une spécialiste de la guerre numérique et des IA, et elle allait peut-être faire avancer les doctrines de l'armée.

3ᴱ Vague – Nairobi – Kenya – 25/01 – Mois 4

Ils sont en vue de Nairobi, et Malcolm s'aperçoit que Melkiory a troqué son uniforme pour une tenue plus civile, avec short de touriste et chemise fleurie. Et très vite, il remarque que ses hommes se fondent de la même manière dans le paysage. Ils gardent leurs armes, mais ne sont plus des « soldats Tanzaniens ».

Comme partout depuis le début de leur périple, à l'approche de la Vague, les forces armées locales sont déployées pour tenter de les « canaliser ». Un cordon de soldats armés jusqu'aux dents, aidé de blindés légers, des M3 Panhard français, des Humvee M898 américains et des BTR80 russes, des transports de troupes, tous de couleur sable, s'étale sur des kilomètres avec pour centre la route que la Vague emprunte. Mais derrière eux, des dizaines de milliers de personnes, des civils, leur envoient des signes de sympathie.

Malcolm a fait prudemment stopper le convoi sur une hauteur. La cité s'étale devant ses yeux : des immeubles modernes, des tours élégantes, fines, et insolentes entourées d'espaces verts, sous un ciel d'orages de mousson.

Malcolm connaît un peu la ville : il en parlait dans ses cours de géographie de l'Afrique. Près de cinq millions d'habitants s'y entassent, dont une bonne partie dans des bidonvilles. Avec l'habitat insalubre, la pollution au plastique y est le principal fléau et la cause de maladies et de mort.

— Malcolm ?

— Oui, Thandwa ?

— Des gens veulent te parler.

Les « gens » sont trois grands Maasaï en costume rouge traditionnel et armés de lances. Ils viennent s'installer à quelques pas de Malcolm et commencent à discourir en swahili que Thandwa traduit :

— Si je résume ce que me dit le chef, ils veulent que tu les laisses aller parler aux militaires avec les représentants des autres tribus qui se sont installées dans le convoi. Ils sont honorés de leur présence dans cette grande quête de l'eau. Leur bétail ne peut plus vivre dans la savane et leurs terres sont distribuées aux compagnies touristiques.

Un mot revient en litanie : « Harambee ! ». Devant l'interrogation muette de Malcolm, Thandwa lui explique que c'est la devise du Kenya, en swahili : « Travaillons ensemble ! ». Il ajoute que les Maasaï seraient honorés si cette devise s'ajoutait à celle de la Vague.

— Quelle devise ?

Malcolm tombe des nues : ils ont une devise, à présent ?

— « We need water ! We need it now ! ». Ils voudraient que cela devienne « We need water ! We need it now ! Harambee ! ».

Malcolm se retient de rire… Face à l'armée kenyane, cela semble puéril et futile. Mais si cela peut résoudre le problème…

— Accordé avec plaisir ! C'est une très belle devise ! Remercie le chef de ma part. Et s'ils veulent négocier avec les militaires, pourquoi pas. Nous avons besoin de vivres, de carburants, de médicaments, et d'eau potable. S'ils ont besoin de moi, je suis à leur disposition.

Les Maasaï se consultent un instant et repartent en chantant leur nouveau mantra : « We need water ! We need it now ! Harambee ! ».

Peu après, un groupe de vingt personnes, mené par deux Maasaï, revient vers eux. Thandwa est admiratif :

— Ce que tu vois là, Malcolm, si je ne me trompe pas, c'est une délégation composée de la plupart des ethnies du Kenya, ou du moins des plus importantes : Maasaï, Luo,

Kalenjin, Kikuyu, Meru, Luhya, Orma, Somali, Borana et Mijikenda. Deux guerriers par tribu.

Tous scandent et dansent à leur manière le nouvel hymne de « Ceux de la Vague » : « We need water ! We need it now ! Harambee ! ».

La main sur le cœur, Malcolm les salue en inclinant la tête, et symboliquement, les laisse passer en direction du cordon militaire.

La délégation s'ébranle d'un pas chaloupé et leur chant diminue avec la distance.

— Bon sang, d'où sortent-ils ? Je ne savais pas qu'ils nous avaient rejoints ! Combien sont-ils ?

— Des centaines, des milliers, peut-être… Tu ne sais pas tout, Malcolm. Il se passe beaucoup de choses, derrière toi.

— J'estime qu'il est temps que nous nous organisions… Je verrais bien un « Conseil de la Vague » composé des principaux chefs de tribu, mais aussi de principaux leaders que nous connaissons déjà. Au fait… Que penses-tu de Melkiory ?

— Cet homme est une énigme. Il n'est pas que ce qu'il veut bien nous laisser croire.

— J'en suis persuadé… S'il veut participer au Conseil, il devra au préalable s'expliquer.

— Je le crois dangereux. C'est un prédateur.

— C'est aussi quelqu'un de cultivé, d'éduqué…

— En Afrique, la culture à l'Occidentale n'est pas toujours synonyme de sagesse.

— Nous allons déjà passer Nairobi… Nous avons un peu de temps avant le Soudan.

— Les vrais ennuis commenceront là-bas…

— Je le crains…

La délégation des tribus est arrivée à la hauteur du cordon militaire. De loin, Malcolm voit qu'ils s'assoient par terre, et qu'ils cessent leurs chants.

— Ils attendent !

— Oui… En plein soleil, cela va être long. Et pour les soldats aussi : j'espère que tout le monde va garder son sang-froid !

— Écoute, Malcolm !

La foule, au-delà de la barrière des soldats, reprend la « devise » de « Ceux de la Vague » et la scande à son tour. Les rangs des militaires commencent imperceptiblement à onduler au même rythme, ce qui fait sourire les deux hommes.

— Ils sont bons, en termes de communication ! Les soldats commencent à se demander ce qu'ils fabriquent là…

— C'est peut-être le moment de montrer que nous sommes nombreux et de faire avancer un peu le cortège, jusqu'en haut de ces petites collines ?

Melkiory s'est approché d'eux, et regarde, lui aussi, le théâtre de la plaine.

— Non. Laissons-leur le temps.

Le ton de Malcolm est plus dur qu'il ne le souhaite, mais le personnage l'irrite toujours. Sa zone d'ombre ne passe pas. Le « colonel » n'insiste pas et continue de regarder vers la ville.

— Nous devrions nous asseoir, cela risque de durer longtemps.

Derrière eux, en écho aux manifestations de la foule, au loin, les tam-tams se remettent en route.

Deux heures plus tard, la foule, côté ville, se tait. Depuis leur position un peu en hauteur, brûlés par le soleil, ils voient le cordon de soldat s'ouvrir sur un groupe de cinq militaires, dont trois armés de pistolets-mitrailleurs, qui s'avancent vers les émissaires de la Vague. Ceux-ci se lèvent, mais n'avancent pas vers leurs interlocuteurs : ils attendent encore qu'ils se rapprochent.

De loin, Malcolm ne peut que deviner la teneur des discussions qui s'engagent… et qui durent.

Trois quarts d'heure se passent avant que les émissaires de la vague manifestent une quelconque attitude différente. Enfin, ils se réunissent, et d'un commun accord, reprennent leur chemin vers Malcolm, Thandwa et Melkiory.

Les vingt guerriers prennent leur temps, ne manifestent aucun empressement. Leur silhouette, troublée par la chaleur, grandit peu à peu et leurs pas ne soulèvent que très peu de poussière : ils savent marcher en ligne, pour troubler les pistes et en réduire l'interprétation.

Arrivés à dix mètres des trois hommes, ils reviennent à leur formation de groupe. Ils sourient enfin, ce qui soulage Malcolm. Le chef Maasaï prend la parole et Thandwa traduit :

— Il dit que le général en chef est venu les voir, ce qui est un grand honneur. Il dit aussi que les militaires vont les laisser passer et répondre à leurs besoins de ravitaillement. Ils vont aussi laisser la population les approcher. Ils sont trop nombreux et les autorités civiles ne veulent pas de bain de sang. Ils ne veulent rien en échange, juste que vous partiez rapidement. Les chefs vous remercient, Malcolm, de les avoir autorisés à négocier pour « Ceux de la Vague ».

— Dis-leur que je les remercie pour cette action d'éclat, et que je vais bientôt inviter les vingt à participer au « Conseil de la Vague ». Ils le méritent bien.

Les Maasaï congratulent Malcolm, en matière de remerciement, et repartent avec leur groupe vers le convoi.

— Le « Conseil de la Vague » ?

— Oui, Melkiory ! Et puisqu'on y est, je ne sais pas encore si je vais vous y inviter.

— Oh…

— Vous savez très bien pourquoi, et j'attends de vous des explications…

Dans la plaine, le cordon de soldat se disloque et les blindés de transport de troupes les embarquent un à un.

— … Mais pour l'instant, j'ai un convoi à faire bouger.

« Ceux de la Vague » prennent un repos mérité, accueillis comme des héros par les habitants, surtout ceux des bidonvilles. Ceux-ci partagent le peu qu'ils possèdent avec les arrivants, et sont avides de nouvelles venues du sud de l'Afrique. Les autorités, pendant ce temps, conduisent les camions-citernes vers les stocks d'essence et les réservoirs d'eau. Des dizaines de médecins et de personnels médicaux interrogent les médecins du convoi pour connaître leurs besoins. Toute la ville est en effervescence.

Malcolm, Ethan, Danya, Thandwa et Zama sont invités par le Président dans un diner « non officiel » en tête à tête, dans les jardins du palais, qui préserve leur dignité : leurs tenues de brousse détonnent dans les ors du lieu.

Melkiory a décliné l'invitation, mais Malcolm ne l'y avait pas associé.

Le plat principal est une nyama choma[41] traditionnelle, mais évidemment très fine et superbement cuisinée, servie avec un matoke[42] un peu lourd, mais très savoureux. En dessert, Danya reprend trois fois d'un muffin noix de coco et ananas servi avec un sorbet coco velouté à souhait.

Ethan joue son rôle de journaliste porte-parole de « Ceux de la Vague » et raconte leur périple et ses objectifs.

Danya fait la conversation, et pose question sur question auxquelles le Président répond patiemment.

Ils finissent par repartir vers vingt-deux heures, après une photo officielle avec le président.

Ils ne sauront rien de ce que celui-ci pouvait bien penser de cette soirée, et ils sont aussi pressés de repartir que lui de les voir sortir de la ville.

La consigne étant de lancer le convoi vers cinq heures du matin le lendemain, ils retrouvent leurs tentes – installées sur un terrain de foot et les terrains vagues attenants – avec un intérêt proche de l'épuisement. Direction Lodwar, près du Lac Turkana, avant de pousser vers Lokichogio et la frontière du Soudan sud.

Le lendemain, une foule immense accompagne le convoi. Certains l'estiment à un million de « marcheurs » en plus : Nairobi s'est vidé d'une bonne partie de sa population laborieuse et de leurs familles.

Des rumeurs courent sur la colère du Président et un remaniement ministériel imminent. Mais une bonne partie des forces armées a intégré le convoi, et il ne peut pas faire grand-chose de plus.

---

[41] « Viande de barbecue », en Kiswahili, à base de chèvre. Plat traditionnel kenyan.

[42] Purée à base de bananes verte et plantain.

Arzu et Erkin sont tout sourire, ce qui laisse présager que la rencontre s'est bien passée.

— Bonjour Moustac. Tu aurais dû venir avec nous, c'était très intéressant.

— Je préfère rester dans l'ombre, tu sais.

— Oui, mais ce n'est plus vraiment nécessaire.

— Notre histoire n'est pas finie, Arzu. Les Chinois ne vont pas nous laisser tranquilles. Et les Ouzbeks risquent de ne pas nous aimer longtemps.

— Sauf si nous nous intégrons de la bonne manière.

— Oui… Que de si !

— Regardez ! L'armée bloque le passage !

Les premiers camions en tête de « La Vague » sont des camions médicaux : des infirmeries de campagne qui traitent tous les petits bobos de la route.

Un médecin sort pour aller au-devant du cordon de soldats. Il est le coordinateur, avec sa collègue Mélina, du « Convoi des Anciens », comme ils l'appellent.

— Bonjour… Que se passe-t-il ? Je suis le docteur Alejandro.

Le soldat le plus gradé lui sourit :

— Bonjour docteur. Venez, nous allons vous expliquer.

Un capitaine arrive rapidement et lui sourit à son tour.

— Bonjour docteur, enchanté de faire votre connaissance. Ne vous inquiétez pas, nous sommes là pour vous aider. Le Président Sebastian a eu vent de votre « marche », et voudrait vous aider à atteindre Vicuña Mackenna.

— Vicuña Mackenna ?

C'est un secret que peu de gens connaissent. Voilà une énigme à résoudre.

— Oui, nous savons où se rendent « Ceux de la Vague ». Le Président a demandé une mobilisation de camions et de bus de transport pour faciliter votre cheminement. Et naturellement, il a pensé à l'armée.

— Naturellement... Ah, je vous présente le docteur Mélina, qui est la deuxième coordinatrice de ce que nous appelons « Le Convoi des Anciens ».

— Oui... Un nom bien venu...

— Nous sommes des milliers de personnes âgées, mais
nous encadrons aussi des enfants avec leurs instituteurs, et
des malades que nous soignons tous les jours.

— Vous avez aussi des dizaines de milliers de péons qui
vous suivent.

— Ils sont là de leur propre chef, Capitaine. Nous n'avons
aucune autorité sur eux.

— Oui... C'est un problème seulement pour nous, bien
entendu.

— Je devrais ajouter des étudiants, des journalistes...

— Oui, nous savons...

— Des cadres, des employés, tous avec ou sans leurs
familles.

— Et ils veulent tous aller à New York !

— Oui, Capitaine, le rêve de l'initiateur de « La Vague »,
Joaquin, assassiné lâchement...

— Par un propriétaire terrien exacerbé...

— Oui... Sans doute...

— L'armée argentine n'y est pour rien, Docteur, croyez-
le bien...

— Si vous le dites, mais vous aurez du mal à convaincre
une majorité de marcheurs.

— Pour vous montrer que nous sommes de bonne foi,
nous souhaitons vous aider pour parcourir les 650 km qui
nous séparent de Vicuña Mackenna.

— Sérieusement, Capitaine ?

Mélina arborait une moue sceptique du plus bel effet.

— Je vais être honnête, Docteur : la motivation de l'armée est de faire en sorte que votre convoi évite Buenos
Aires. Votre... quête aspire trop de monde, Docteur... Derrière vous, les campagnes se vident...

— Et qui nous dit que vous n'allez pas profiter de la situation pour renouveler les « voyages » en avion à sens
unique ?

— Nous sommes au XXIe siècle, Docteur ! Cette époque
est révolue.

Dans les années 80, la dictature militaire argentine organisait des « voyages » en avion au-dessus de la mer pour ses opposants. Ils étaient jetés vivants à la mer, vivants, mais ficelés pour un « aller simple » vers la mort. En 2023, les « Mères de la Place de Mai » ont obtenu que l'un de ces avions soit racheté à ses propriétaires pour être exposé comme symbole des « vols de la mort ». Dans la foulée, les deux pilotes de cet avion ont été aussi condamnés à vie et emprisonnés.

— Révolue, mais pas encore oubliée, Capitaine ! Ma grand-mère n'est jamais revenue de ce « voyage ».

— J'en suis navré, docteur.

— Quelles garanties nous donnez-vous que ce « déplacement » ne soit pas une excuse à un massacre ?

— Votre nombre, Docteur, et vous deux, et les journalistes qui sont avec vous. Nous allons leur demander – vous demander – d'être les garants de cette opération.

— Ils vont être contents !

Les journaux, mais aussi les radios et télévisions argentines et chiliennes suivaient leur progression depuis le début. Mais après les quelques premières semaines, ils s'étaient lassés. La séparation de « Ceux de la Vague » en deux groupes avait augmenté les rancœurs, entre ceux qui avaient « disparu », et ceux qui n'avaient pas été mis dans la confidence. Il ne restait sur place, à marcher avec les anciens, les enfants et les malades, qu'une poignée de correspondants. Que l'armée intervienne et qu'ils soient associés à « l'opération » allait leur redonner du baume au cœur.

— Cela peut être intéressant, Capitaine… Comment voyez-vous les choses ? Ah ! Il faudra aussi m'expliquer pourquoi vous me parlez de Vicuña Mackenna !

— Cinq jours qu'ils se moquent de nous ! Prévenez-les : comme ils ne veulent pas se rendre, nous allons passer aux choses sérieuses ! L'artillerie est totalement opérationnelle, les fantassins commencent à s'ennuyer. Dites-leur qu'à midi, nous ouvrons le feu. Et d'ici ce soir, nous lançons l'attaque !

— Bien mon général !

Hui Jin n'est pas inquiet : le pays est à eux. Il reste la capitale, qui, au bout de cinq jours, commence à manquer de tout. Les batteries de missiles sol-air ont détruit, la nuit dernière, un gros avion civil qui tentait de survoler Bichkek. Ils avaient récupéré dans la carcasse des médicaments et des vivres prêts à être parachuté au-dessus de la ville.

Le Président kirghize s'était envolé à l'étranger depuis belle lurette : les rumeurs parlaient de lui dans une île tropicale qui était aussi un paradis fiscal.

Il restait le maire, qui passait pour un héros local. Le bonhomme soignait son image par un costume tribal qui lui allait très mal et un sourire qui ne trompait personne : il avait peur.

Hui Jin travaillait aussi son image : il avait soigneusement planifié les bombardements du jour en évitant les monuments historiques, nombreux dans la ville, mais en visant particulièrement la mairie. Casser un mythe, c'était encore une manière de gagner une bataille.

Outre quelques immeubles symboliques, son artillerie visait principalement les forces kirghizes massées autour de la ville. Il voulait briser le dispositif avant de lancer l'assaut : il avait besoin d'une victoire pour remonter le moral de ses propres troupes qui doutaient de leur légitimité à envahir un pays souverain. Surtout qu'il n'y avait plus aucun Ouïghour sur le territoire.

— Les Kirghizes ont été prévenus, mon Général !

— Qu'ont-ils répondu ?

— Des insultes, mon Général. Des insultes…

— J'imagine… Ouverture du feu de l'artillerie à 12.00 précise. Et s'ils bougent avant, que l'infanterie les cloue sur place, mais ni canon ni missiles. Réservez ça pour midi.

— Bien mon Général.

À onze heures, un appel d'un poste situé de l'autre côté de la ville le prévient :

— Les Kirghizes tentent une percée, mon Général !

— Combien ?

— Peut-être un millier de combattants, appuyés par des blindés légers.

— Détruisez tout, pas de prisonniers. ATGM[43] autorisés.

Ils ont reçu une centaine de postes de tir pour des Hong-jian HJ-12g à guidage laser, capables de rivaliser avec les Javelins américains. C'est le moment de voir ce qu'ils valent sur le terrain.

— Attaque repoussée, mon Général ! Pas de survivants. Vingt-cinq automitrailleuses légères détruites. Une centaine de blessés chez nous. Quinze morts.

— Bien. J'irais voir les blessés rapidement. Félicitez les troupes pour cette victoire ! Il est 11.55, bon timing !

Il demande à un technicien de lancer un appel collectif :

— Ici le Général Hui Jin ! Nos troupes viennent de repousser l'ennemi qui a été détruit. À tous : bombardement d'artillerie maintenu à 12.00 ! Dans quatre minutes, maintenant ! Pas de quartier ! Pas de négociation avant.

— Les Kirghizes veulent vous parler, mon Général !

— Dites-leur que je serai disponible dans une demi-heure !

Le technicien ne sourit même pas, alors que Hui Jin se retenait de le faire.

Au top, l'enfer se déchaîne : tout autour de la ville, les postes d'artillerie se mettent à tirer sans discontinuer sur les objectifs qui leur ont été attribués. L'armée kirghize prend de plein fouet la première salve, avec la mairie et le palais présidentiel. Une partie de la deuxième salve vise quelques points stratégiques identifiés, des casernes, des hangars réserves de munition et de matériels militaires, mais évite soigneusement les civils et les sites historiques.

En parallèle, et pendant une demi-heure, les lignes de l'armée kirghize sont pilonnées, mètres après mètres. Les obus à sous-munitions font des ravages, et les images des drones montrent des corps désarticulés projetés dans les airs.

Au bout de trente minutes, Hui Jin demande la cessation du feu. Il jubile : après un tel pilonnage, il ne doit pas rester beaucoup de soldats debout. À moins qu'ils aient pris le

---

[43] « Anti-tank Guided Missile » Missiles anti-tanks guidés.

temps de s'enterrer *très* profondément, ce qui n'était pas trop possible sur un sol aussi dur et caillouteux.

— Les Kirghizes appellent, mon Général. Ils demandent le cessez-le-feu : ils se rendent. Le maire et leur état-major ont été tués dans le bombardement. C'est un capitaine qui parle pour eux. Ils se rendent sans condition. Il a lancé un appel à déposer les armes et nous ouvre les portes de la ville.
— Vous avez enregistré l'intervention ?
— Oui, mon Général !
— Diffusez-là par haut-parleur : je ne veux pas un mort de plus. Mais si cela arrive, détruisez le sniper ! Après un quart d'heure, que les troupes avancent dans la ville. Pas d'exactions ! Prenez possession des points chauds, ramassez les armes que vous trouverez, faites des prisonniers. Trouvez-moi un hangar pour les confiner et faire le tri. Amenez-moi les notables et les militaires gradés survivants, je déciderai de leurs sorts demain.
— Bien mon Général.

TACHKENT – OUZBÉKISTAN – 30/01 – MOIS 4

— Bichkek vient de tomber...
— Ils ne pouvaient pas résister plus...
— Les bombardements chinois ont été redoutables de précision. Tous les nœuds de résistance armée ont été détruits avec des centaines de morts dans ce qui restait de l'armée kirghize. Le maire et l'état-major sont morts, eux aussi, et l'APL a investi la ville.
— Le Kirghizistan devient une province chinoise...
Les trois Généraux ont une pensée pour leurs homologues kirghizes. Une pensée, mais pas plus : ils doivent organiser la suite, qui sera tout aussi militaire que politique.
Après avoir dégusté son excellent whisky américain, François reprend :
— J'ai prévenu nos trois Présidents. Mais à votre avis, qu'imaginez-vous que vont faire les Chinois, à présent ?
— Ils ont pris une pilée, qui restera secrète, et ils viennent de remporter « une grande victoire », qui va être largement

commentée. Comme mon Président William, je pense que, pour l'instant, ils vont se contenter de digérer le Kirghizistan.

— Da ! Je pense moi aussi qu'ils n'iront pas plus loin. Sinon, ils auraient aussi mangé Vladivostok, à l'est. Or, à part avoir renforcé leurs troupes avec des réservistes, pour remplacer les Mandchous déserteurs partis avec les Ouïghours, ils n'ont pas bougé.

— Pareil pour moi du côté de Taïwan. Ils ont juste ressorti de vieux appareils démodés pour assurer la surveillance du détroit à la place des avions détruits l'autre jour. Rien de bien méchant ni provocateur.

— Le Président Axel est sur la même longueur d'onde. Il propose quand même que nous continuions à occuper le terrain, ici, et à travailler ensemble, histoire de préserver l'avenir et de réduire les coûts. Je n'ai pas de contact particulier avec le Président ouzbek, mais Abdullayeva, son correspondant militaire, m'a déjà fait savoir qu'il était favorable au renouvèlement de notre « concession » pour les cinq ans à venir.

— Un sacré pas en avant de sa part.

— Oui, il faut le noter. Mais la menace chinoise n'est pas étrangère à ça : ils ont quand même annexé un pays entier en quelques semaines.

— Nous avons un problème, mes amis.

Arzu est inquiète, visiblement.

— L'Ouzbékistan est incapable d'absorber notre peuple. Les incidents se multiplient. Le pays est trop pauvre pour nourrir douze ou quinze millions de personnes en plus. Beaucoup de nos frères parlent de continuer au Turkménistan. Ils disent que l'air sera plus frais au bord de la mer Caspienne.

Erkin sent la colère monter en lui.

— Ils ne savent pas ce qu'ils disent ! Ils risquent surtout de retomber sur le même problème ! Déjà, le Turkménistan n'a que six millions d'habitants. Quand bien même la moitié des Ouïghours partiraient là-bas, cela doublerait la population. Ce pays n'est qu'un désert qui produit du gaz naturel, pas des légumes !

Moustac tente une médiation :

— Je ne sais pas trop… J'ai pu constater les tensions qui montent, ici. Nous en sommes encore au stade de la bagarre de rue, mais cela peut dégénérer à tout moment.

— Le Turkménistan est l'un des pays les plus corrompus du monde, Moustac. Est-ce cela que tu veux pour nos deux peuples ?

— Je veux la paix ! J'en ai assez de fuir, de courir, de me cacher. Mais je comprends les Ouzbeks… Nous sommes une force d'invasion…

— Nous le serons partout !

— Oui, Arzu, nous le serons partout, mais nous pouvons choisir.

— Nos choix sont limités, quand même : soit nous restons, massivement, soit nous partons, massivement, soit nous divisons nos forces, les uns tentant de s'intégrer ici, les autres disparaissant vers l'ouest. Et nous avons intérêt à nous décider vite : les départs se préparent déjà.

— Réunissons les principaux chefs de clans.

— Oui, faute d'un vote, impossible à organiser, c'est la meilleure option. Mais n'oublie pas, Moustac : ici, l'eau manque et nous commençons à avoir soif. Et ça, nous n'y pouvons pas grand-chose, dans un pays désertique.

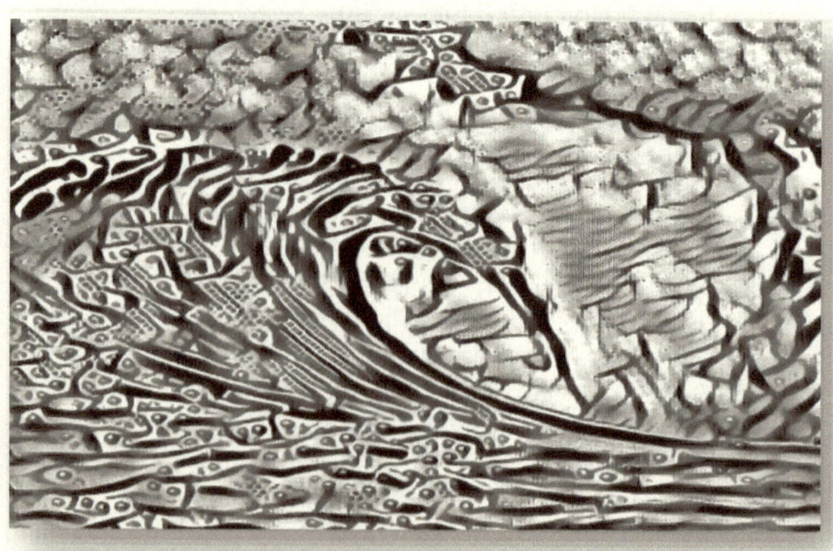

XIV – Déferlante

— Vite ! Nous devons partir ! Les Afghans arrivent ! Ils ont passé la frontière, ils cherchent les Ouïghours et les massacrent !

— Pourquoi ?

— Pas besoin de raisons pour les fous de Dieu ! Ils hurlent partout Muḥammadun rasūlu l-Lāh, « Il n'est point de divinité si ce n'est Allah, Muhammad est le messager d'Allah » et tirent sur tout ce qui bouge, surtout sur ceux qui sont habillés comme nous ! Une armée complète vient d'arriver !

— Vers Tachkent ! Vite, avant que la route ne soit fermée.

— Bon sang ! Les Afghans rentrent dans la danse ! Il ne manquait plus qu'eux !

François fulmine : il imagine les complications à venir…

— Les Chinois entretiennent de bons rapports avec eux. Ils sont sans doute derrière ça…

— Et le Tadjikistan risque de les suivre aussi, pour protéger ses frontières !

Fiodor, Matthew et lui sont réunis en urgence dans la pièce sécurisée du français, pour un conseil de guerre déclenché par l'incursion afghane dans le sud du pays.

— Nous sommes censés respecter une certaine neutralité.

— Oui, mais l'armée ouzbek ne pourra pas résister aux talibans. Ils sont mal équipés, avec les blocus occidentaux, mais ils sont largement plus nombreux que l'armée régulière ouzbek. Nous devons envisager de nous replier quelque part et d'évacuer cette base…

— Les Ouïghours ne laisseront pas faire les talibans…

— Pas sûr : des rumeurs courent déjà sur leur migration vers l'ouest et le Turkménistan. Ils risquent juste d'accélérer leur départ.

— Le Turkménistan ? Il n'y a rien là-bas… Encore du désert, et ils souffrent du manque d'eau !

Fiodor est un peu gêné…

— Le Turkménistan est notre principal fournisseur de gaz… Cela va sans doute nous poser quelques problèmes, à Moscou…

— La fin de notre alliance, Fiodor ? Je commençais à vous apprécier !

— Moi de même, Matthew… Moi de même…

— En tout cas, nous devons en référer à nos présidents respectifs. Je vous propose une conférence tripartite ici même cet après-midi. Les talibans sont une plaie et les femmes du monde entier nous béniront de leur mettre « la pâtée »[44] !

— Tu sais, François, que cela ne sera pas si facile : les Russes ont pris la pâtée avant nous.

— Et vous après nous ! Vous n'avez pas réussi non plus…

— Oui.

François se retient de sourire : l'heure n'est pas à la plaisanterie.

— Je crois que vous avez souffert tous les deux du trafic d'armes venu de l'autre dans les deux conflits. Et les talibans ont récupéré le reste grâce au trafic de drogue. Je crois que nos drones à tous seront les bienvenus : pas question que je jette mes Rafales dans une guerre de fantassins. Et je présume que vous avez le même problème.

— Nous sommes d'accord.

— Ok, donc nous commençons à plier bagage, et je vous demande en attendant, de renforcer vos effectifs de drones. Conférence collective prévue à 15.00, heure locale ? Nous essayons ça ?

— OK !

— Da !

---

[44] En français dans le texte

— Voilà, docteur. C'est le dernier camion. Tous ceux que nous avons trouvés ont été transportés ici. Vous retrouverez votre collègue tout à l'heure. Êtes-vous bien installée ?

Mélina approuve d'un mouvement de tête rapide :

— Oui, je vous remercie Capitaine. Nous attendons le rassemblement de « Ceux de la Vague » qui se sont… dispersés, et nous reprendrons notre chemin.

— Je suis impressionné par la sagesse qui émane de ce convoi, Docteur. Les gens ne se plaignent pas, ne réclament pas, et il en arrive des centaines par jour.

— Buenos Aires est un réservoir de désespoir, Capitaine.

— Un réservoir qui se vide chaque jour un peu plus. Sur nos trois millions d'habitants, les autorités estiment à plus d'un million qui tentent de vous rejoindre.

Mélina sourit :

— Voilà qui va faire de la place, non ?

Le militaire lui concède un sourire en retour.

— Oui : les bidonvilles se vident. Pourquoi êtes-vous là, Mélina ?

Depuis deux semaines qu'ils se connaissent, le militaire ne cesse de la draguer plus ou moins subtilement. C'est à la fois irritant et assez plaisant. Elle n'a pourtant pas le temps de se consacrer à la bagatelle, quand bien même son corps a aussi ses exigences. Le machisme ambiant ne permet pas les rencontres d'un soir. Si tu couches, c'est que tu n'es pas digne d'intérêt. Le militaire est trop imprégné de ces valeurs surannées pour concevoir autre chose, une autre vie.

— J'ai travaillé quatre ans à la « Villa 31 »[45], capitaine. Dans un hôpital sans équipement ni médicaments, qui voyait chaque jour mourir de misère des jeunes, des vieux, des femmes enceintes, des bébés… Toute une population n'ayant pas les moyens de vivre avec l'espoir d'une vie meilleure. Alors quand j'ai entendu parler de « Ceux de la Vague », je n'ai pas hésité. L'espoir est ici !

— Oui, évidemment…

---

[45] Quartier de Buenos Aires, de 6 km², appelé aussi « Villa Desocupación » (Villa du chômage). Bidonville de 30.000 habitants au cœur de la capitale. L'espérance de vie y est de 20 ans inférieure au reste de la population.

Le soldat semble déçu, mais Mélina décode facilement ses émotions : il ne peut pas lui offrir les mêmes perspectives d'aventures. Il suit sa propre voie qui passe par une carrière de fonctionnaire au service d'un pouvoir chimérique, mais autoritaire et structuré. Un jour, il prendra sa retraite avec l'illusion d'avoir accompli son devoir. Aujourd'hui, il a du mal à concevoir la Vague comme un avenir possible pour son peuple qui souffre.

— Je ne sais pas jusqu'où nous irons, capitaine, mais nous allons y aller, ensemble, pour tenter de construire une vie plus juste.

— Mais vous ruinez l'économie !

— Quelle économie ? Vous voyez bien que « Ceux de la Vague » survivent ici dans de bonnes conditions : ils ont à manger, à boire, ils sont soignés, et nos écoles, tous les soirs, sont pleines d'enfants et d'adultes avides d'apprendre ! Notre économie passe par le troc, l'échange des savoirs et des compétences. En tant que médecin, j'ai peu à faire, vous comprenez : « Ceux de la Vague » ont peu de ces petits bobos habituels des bidonvilles. Ils s'autosoignent d'espoir, ce que de grandes villes comme Buenos Aires ne peuvent leur offrir.

— New York non plus !

— Oui, mais ils ne le savent pas encore. À vol d'oiseau, nous sommes à 10.000 km de notre destination. Un saut de quelques heures en avion, mais à pied, nous allons mettre quelques mois, sinon un an. Ils ont le temps d'apprendre.

— Les Américains ne vous laisseront pas passer !

— Vous m'avez appris que nous sommes déjà deux millions à marcher, Capitaine. Avec le million de Buenos Aires, cela fait trois, mais ce n'est qu'un début. J'estime aussi qu'ici, à Vicuña Mackenna même, il y a un potentiel d'un million de marcheurs qui vont nous rejoindre quand nous repartirons. Cela fait quatre. Qui sait combien nous serons après la traversée du Chili ?

— C'est dément !

— Non, c'est la vie : elle a besoin d'espoir et s'autorégule pour assurer sa propre survie. Vous ne vous rendez pas compte du nombre de femmes enceintes que je suis depuis des semaines : elles sont toutes heureuses de l'être, parce que la quête de la Vague leur donne l'espoir. Vous allez nous suivre Capitaine ?

Elle joue avec les mots, et il rougit :

— Je reste ici jusqu'à votre départ vers le Chili, Docteur.

Ce n'est plus « Mélina », mais « Docteur » : il a fait son choix.

— Alors je vous souhaite un avenir à la hauteur de vos ambitions, Capitaine. Vous m'excuserez : je dois voir quelques patients qui ont besoin de moi.

— Bonne journée… Docteur.

3^E VAGUE – MALAKAL – SOUDAN DU SUD – 11/02 – MOIS 5

— La journée commence mal !

— Il fallait s'y attendre, au Soudan.

Un homme vient de perdre la vie en sautant sur une mine : la région en est truffée, par suite des guerres civiles du début du siècle.

Le convoi est arrivé sur la rive droite du Nil blanc et ses paysages grandioses. Des mers de papyrus, mais aussi des nuages de moustiques, et les médecins de la Vague sont débordés par les fièvres.

Depuis deux jours, la Vague se repose de leur traversée du pays depuis le Kenya. Une traversée mouvementée.

En partant de Nairobi, ils s'étaient tout d'abord rendus sur les rives du lac Turkana. Le plus grand lac salé du monde – ils l'avaient suivi sur 280 kilomètres – était un endroit magnifique, mais hostile. Les médecins avaient dû intervenir pour recoudre plusieurs blessures dues aux crocodiles qui pullulaient sur ses rives.

En « représailles », avec la bénédiction de Melkiory, ils avaient constitué un stock de viande fumée de crocodile leur permettant d'assurer la traversée du Soudan du Sud. Les peaux, tannées et séchées au soleil par des Kenyans de la Vague, constituaient aujourd'hui, à Malakal, une monnaie d'échange intéressante.

Sur place, ils avaient troqué la viande de crocodile fumée contre des perches immenses chassées par les pêcheurs locaux. Danya avait particulièrement été impressionnée par ces poissons de près de deux mètres et de plus de deux cent cinquante kilogrammes.

Ensuite, ils avaient laissé derrière eux le fleuve Omo, et obliqué vers le nord-ouest pour ne pas passer en Éthiopie. Au cœur du Soudant du Sud, ils s'étaient heurtés à des groupes de guerriers très méfiants, qui tiraient d'abord et discutaient ensuite, s'ils n'étaient pas morts. Des violences qui, là encore, avaient coûté quelques blessures plus ou moins graves.

Les palabres avec le groupe des chefs kenyans avaient souvent résolu le problème, et des tribus entières les avaient rejoints. Plus tard, ils avaient entamé la traversée du Parc National de Boma. Toute la zone était constituée de marécages dans des plaines inondables, et la faune n'était pas particulièrement idyllique : guépards et léopards nécessitaient de garder les campements jour et nuit. Ces prédateurs trouvaient plus facile de pister les enfants plutôt que leurs proies habituelles, kobs, gazelles, tiangs[46], oryx et zèbres. Toutes des bestioles qui courraient *très* vite.

Ils avaient aussi croisé des troupeaux d'éléphants conduits par de vieilles femelles irascibles qu'ils avaient dû laisser passer. Un des pisteurs soudanais leur avait dit qu'ils étaient plus de huit mille en liberté dans le parc, et que leurs plus grands ennemis étaient les braconniers. De fait, il y avait eu des échanges de coups de feu entre les guerriers de la Vague et quelques bandes de braconniers qu'ils avaient fait fuir. Du moins, c'était la version officielle : les pisteurs soudanais étaient plusieurs fois partis en éclaireur, de nuit, et Malcolm les soupçonnait d'avoir poursuivi, et tués, les braconniers rencontrés le jour.

C'est dans le Parc de Boma que Malcolm avait eu une surprise de taille, et une révélation.

Un soir, Ethan, leur « attaché de presse » qui s'ennuyait faute de presse à qui parler, vint le voir pour partager une bouteille d'alcool récupérée à Nairobi. Une sorte de whisky

---

[46] Damalisques – Grandes antilopes à courtes cornes.

local assez robuste et âpre. Une forte pluie les avait fait rentrer précipitamment dans la tente, et c'est là, aidé par l'alcool, qu'Ethan fit sa déclaration à Malcolm. Il était amoureux de lui, et voulait partager sa vie avec lui… Ou du moins le reste du voyage jusqu'à Londres, si Malcolm voulait bien de lui…

Étonnamment, le corps de Malcolm s'enflamma et il se vit répondre favorablement au désir d'Ethan. Une première pour lui.

Le lendemain, le journaliste récupéra ses affaires et les transporta dans la jeep de Malcolm, avec l'approbation bienveillante de Zama et Thandwa.

Ce qu'en pensa Melkiory, ils n'en surent rien : ayant depuis leur départ de Nairobi troqué sa chemise fleurie contre son treillis, celui-ci chassait presque tous les jours dans les plaines. Il n'avait toujours pas répondu aux questions de Malcolm, et celui-ci le battait froid.

Tous les deux ou trois jours, Malcolm réunissait le « Conseil des Chefs », comme il l'avait promis. Ils n'étaient pas encore totalement organisés, et il y percevait deux problèmes. En premier, l'assemblée se modulait de réunion en réunion, et il n'avait pas toujours les mêmes personnes autour de lui. En second, à eux tous, ils parlaient une bonne douzaine de langues et si l'anglais restait le langage commun le plus usité, ils devaient tous attendre en permanence les traductions simultanées des autres langues. Ces rencontres avaient tendance à trainer en longueur, et Malcolm se prenait à imaginer un « bureau » restreint pour travailler dans de meilleures conditions. Quand Ethan conduisait, en journée, il réinventait la démocratie dans sa tête et depuis la place du passager, et cela commençait à devenir une obsession.

Mais voilà, il y a la démocratie et son exercice, et les restes d'une guerre civile et son univers de survie.

Malakal, leur ville étape, ne s'est toujours pas remise des combats entre les rebelles et l'armée régulière. Maisons détruites, routes dévastées, équipements publics pillés, mines antipersonnel dans les champs, et un camp de réfugiés insalubre ou des humanitaires peinent à survivre eux-mêmes.

Tout cela sans parler du post-traumatisme général. La Vague participe même à la justice locale, faute d'intervention de l'État, et de sinistres parasites corrompus se retrouvent vite en prison, dans l'attente d'un éventuel procès. Pas de nourriture, pas d'eau potable, la Vague apporte tout et dispose, en fait, de plus de moyens que la ville peut en offrir. Les médecins du convoi se sont mis au travail, et les médecins du camp de réfugiés les bénissent.

Dans un « Conseil des Chefs », la Vague décide de rester quelques jours à Malakal et d'aider les habitants. Malcolm est fier de « Ceux de la Vague » et de leur solidarité.

2ᴱ Vague – Tachkent – Ouzbékistan – 12/02 – Mois 5

— Nous devons décider notre départ, Moustac, nous n'avons plus le choix. L'armée ouzbek recule devant les talibans. Et ni les Russes ni les Américains ne peuvent les contenir. Avec les Français, ils préparent leur évacuation. Leurs drones, à tous les trois, font des massacres, mais les Iraniens ont fourni des missiles anti-drones aux Afghans, et ils sont efficaces. Ils ont pris Karchi, Boukhara et se dirigent vers Navoï. S'ils prennent la ville, ils nous couperont la route vers l'ouest.

— Nous pouvons renforcer l'armée ouzbek. Nos soldats ont une solide expérience des combats.

— Je leur ai déjà proposé cela, mais pour l'instant, ils sont débordés et personne ne nous répond. Nos guerriers sont partis sur le terrain, pour empêcher l'avance des talibans, mais nos enfants et nos vieillards sont vulnérables. Tu le sais, nos femmes sont de solides combattantes, comme les tiennes, Moustac, mais nous avons onze ou douze millions de personnes à faire passer…

— Sans doute plus que ça : si les talibans arrivent, les Ouzbeks vont nous suivre…

— Certains… Ils sont aussi capables de leur résister. Leurs populations sont assez équivalentes… Trente-deux millions pour l'Ouzbékistan et quarante pour l'Afghanistan. Défendre son territoire, ce n'est pas la même chose qu'envahir celui du voisin.

— Les talibans sont dingues… Ils n'ont pas les mêmes scrupules que les Chinois.

— Là, tu as raison, Moustac, les informations qui nous arrivent depuis le sud sont alarmantes : les talibans ne font pas de détail ! Ils massacrent systématiquement tout ce qui peut ressembler à un Ouïghour ou à un Mandchou.

— Je crains pourtant que le Turkménistan ne soit une impasse : entre la Russie au nord et l'Iran au sud, nous allons être coincés et détruits.

— L'Iran a un pied d'argile : comme l'Afghanistan, ils se sont mis leurs femmes à dos, et le régime vacille.

Erkin sourit et soupira en pensant au caractère volcanique d'Arzu.

— Nul ne peut diriger un pays contre la moitié de sa population. Nous pouvons envoyer des propagandistes, nous aussi, et mobiliser les femmes pour qu'elles se libèrent enfin des mollahs. Après cela, nous pourrons passer.

— Cela peut marcher, en effet, mais cela sera long…

— Un peu partout dans le monde, les « Vagues » bousculent les frontières… Alors pourquoi pas, nous aussi, si nous procédons convenablement… Nous sommes la Deuxième Vague, racontent les médias et les politiques. Je vais mettre une équipe de jeunes sur le coup. Nous avons besoin des réseaux sociaux, en plus du bouche-à-oreille. En attendant, nous allons lancer l'exode vers le Turkménistan. Et dès aujourd'hui !

— D'accord, donc… Je fais passer le message… Nos peuples ne vont pas aimer cela : ils pensaient être arrivés au bout du chemin, et il ne fait que commencer…

— Oui, il ne fait que commencer… C'est bien le message que nous devons faire passer…

Ils sont enfin sortis de l'enfer de Malakal. Il est temps : des épidémies éclatent dans le convoi, et des camions entiers sont concernés.

— Nous ne sommes pas sortis de Malakal, puisque nous emmenons Malakal avec nous…

Plus de cent mille personnes ont rejoint « Ceux de la Vague » : la quasi-totalité de la population de la région. Ils ont tous repris en chœur le slogan « We need water ! We need it now ! Harambee ! », et la population de Renk, plus de soixante-dix mille personnes, veut en faire autant. Les médecins du convoi, renforcés de ceux de l'association humanitaire qui gérait l'ex-camp de Malakal, sont débordés.

Le soir, Malcolm, aidé par Ethan, désormais son compagnon, reconnu comme tel par une majorité de « Ceux de la Vague », réunit le Conseil des Chefs dans un hangar désaffecté.

— Mes amis, ceux de Renk veulent se joindre à nous. Cela ne sera pas facile, mais ce n'est jamais facile, accueillons-les comme les nôtres depuis le début de cette aventure. Nous irons à Londres, tous ensemble.

L'assemblée des chefs bourdonne et Malcolm entend, çà et là, le slogan « We need water ! We need it now ! Harambee ! » qui finit par être repris par tout le monde.

Quand le silence revient, il va reprendre la parole quand une voix résonne dans le hangar :

— Attendez !

Melkiory s'avance entre Malcolm et les chefs.

— Tu n'as rien à faire ici, Melkiory !

— J'ai des choses à dire sur la suite de notre traversée du Soudan, Malcolm. Et tu dois m'écouter. Il y va de notre sécurité à tous.

Le brouhaha s'éteint rapidement.

— Vas-y nous t'écoutons.

— Merci Malcolm. Vous savez tous que mes chasseurs et moi assurons la sécurité du convoi depuis des semaines. Nous approvisionnons aussi le convoi en viandes de brousse. Avec mes équipes de chasseurs et de traqueurs, nous rencontrons beaucoup de monde dans les territoires que nous traversons. Des chasseurs locaux, mais aussi des braconniers et des déserteurs qui n'ont pas encore digéré la Guerre Civile, ou encore des apprentis terroristes qui s'entraînent au djihad.

Les chefs réagissent avec colère à ces derniers mots.

— C'est de ces deux derniers groupes que je veux vous parler avant que vous preniez une décision.

— Viens-en aux faits !

Melkiory dévisage un instant Malcolm puis reprend la parole.

— Les deux groupes m'ont fait part de leur désir de venir rejoindre la Vague. Le premier, les déserteurs, nous ont aussi parlé de la guerre en cours entre les Forces Armées Soudanaises et les « Rapid Support Forces », les RSF. Ce sont, à l'origine, des commandos soudanais qui sont devenus des mercenaires avant de se retourner contre le gouvernement. Ils sont environ cent mille, et encerclent Khartoum depuis des années. Des combats féroces éclatent régulièrement, et ne font pas de prisonniers, des deux côtés.

— Ceux de la Vague sont pacifiques, Melkiory.

— Moi, je le sais, mais les RSF sont-ils au courant ? Et les autorités de Khartoum ? Et sommes-nous prêts à résister à une attaque ? Notre nombre nous protège, mais pas totalement.

— D'accord, nous allons y réfléchir. Et les terroristes ?

— Le mot « terroriste » ne s'applique que d'un côté de la barrière, Malcolm. Eux ne s'appellent pas ainsi, mais qu'importe ! Eux, ils voient dans la Vague une manière originale de se rendre dans le Nord.

— Pour commettre des attentats ?

— Sans doute, je ne peux leur faire confiance. Autant les déserteurs de l'armée régulière cherchent une cause pour se reconstruire, autant les terroristes veulent détruire. Mais ils sont une force dont nous aurons sans doute besoin devant Khartoum. Et quand nous arriverons en Égypte, par exemple : ils ont de nombreux contacts qui nous faciliteront le passage du Canal de Suez. Après, en Israël, ce sera une autre histoire.

De nombreux chefs n'ont jamais entendu parler du « Canal » et les conversations parallèles créent un bourdonnement infernal.

— Que proposes-tu, Melkiory ?

— De les intégrer dans mes équipes de chasseurs. Les deux groupes. Je ne pourrais jamais faire confiance aux fous de Dieu, mais je peux négocier un chemin avec eux. Les déserteurs, quant à eux, ne sont pas tous des lâches. Ils ont un savoir-faire qui peut nous être utile. À l'occasion, selon les besoins, mes chasseurs peuvent devenir une force de défense armée.

— Et toi, dans cette histoire ?

— Moi… ?

Melkiory regarde intensément Malcolm, mais finit par détourner les yeux.

— Je… J'ai fini par croire en ton rêve, Malcolm. J'ai fini, moi aussi par entonner notre hymne et vibrer au son des tambours. « We need water ! We need it now ! Harambee ! » est une utopie bien sympathique et depuis votre départ de Cape Town, vous avez prouvé que notre confiance, à toutes et tous, est bien placée. Nous allons changer ce monde qui ne veut pas changer. Mais nous ne sommes pas des moutons ou des chèvres que l'on conduit à l'abattoir sans rien dire. Nous devons nous organiser et nous défendre si nous sommes attaqués !

L'assemblée des Chefs s'enflamme à ces paroles : Melkiory est un leader charismatique, efficace, et Malcolm ne peut que s'incliner. Il aura encore à s'expliquer, mais pour l'instant, il ne peut que l'approuver.

— D'accord, nous continuons ainsi. Bienvenue dans le Conseil des Chefs, Melkiory. Nous allons rester sur la rive droite du Nil, jusqu'à Khartoum. Après, nous verrons ce qu'il convient de faire…

Et, pour lui, il complète sa phrase : « si nous survivons à la traversée de Khartoum… »

2^E VAGUE – NAVOÏ – OUZBÉKISTAN – 16/02 – MOIS 5

Moustac et ses commandos sont cachés derrière un mur à demi-détruit. Les talibans, deux ou trois cents, s'agitent, de l'autre côté de la place. Ils ont été surpris de la destruction de leurs blindés, quatre T55 et de deux T62M, des chars d'attaque de conception ancienne, soviétique, néanmoins redoutables face à une infanterie. Ils n'ont pu résister aux missiles antichars américains : les FGM-148 Javelin ATGM, guidés par des drones français, les ont pulvérisés en moins de cinq minutes, avant même qu'ils aient pu voir leur cible.

— Ils arrivent, préparez les grenades.

Ses hommes sourient au combat à venir. Ils ne sont pas fanatisés, eux, mais ils défendent leurs amis, leurs familles, leur peuple, et ils sont conscients de la justesse de leur cause.

Les prisonniers afghans, au contraire, se sont souvent révélés soit fanatisés, soit drogués quand leur « enthousiasme » manquait. Tous avaient été mobilisés autour des gains potentiels qu'ils pouvaient tirer de ce conflit : pillages, viols, kidnappings des femmes et des enfants, attribution de terres nouvelles et gloire d'Allah, dans l'au-delà.

Les fanatiques étaient rapidement éliminés, et les drogués livrés à l'armée ouzbek.

— Feu !

Une pluie de grenades et des tirs d'armes automatiques s'abattent sur une centaine de guerriers afghans qui tombent pour ne pas se relever. Les autres reculent en désordre pour se cacher dans des maisons à demi détruites.

— Nous devons tenir jusqu'à demain soir, le temps que les nôtres passent la ville vers l'ouest. Ensuite, nous les suivrons en les protégeant.

— *Vous avez besoin d'un coup de main ?*

Les écouteurs de Moustac résonnent d'une voix inconnue qui lui parle en anglais avec un accent français prononcé.

— Vous êtes qui ?

— *Ici la France ! Une escouade d'hélicoptères Tigre, à un kilomètre derrière vous. Nous sommes là pour balayer les troupes qui tentent de vous prendre en tenaille. Pouvez-vous envoyer une fusée éclairante, que je vois où vous êtes exactement et que je ne vous tire pas dessus ?*

— Bienvenue dans la mêlée, le frenchie ! Bonne idée ! J'envoie ça dans une minute.

Ils n'ont pas franchement de fusées éclairantes, mais l'un des commandos déniche rapidement une fusée fumigène. Moustac approuve : une telle fusée a l'avantage de montrer le sens des vents.

— Oh, Frenchie ! Vous voyez notre balise ? Les « talibs » sont à cinquante mètres devant nous. De l'autre côté de la place, à côté des carcasses de chars.

— *Vu ! Vous avez fait du bon boulot, les gars, mais d'autres blindés arrivent et nous allons devoir nous en occuper ! Prévenez vos gars qu'ils ne nous tirent pas dessus !*

— C'est fait : à vous !

Cinq « Tigres » approchent de leur position, presque en silence. Deux sont équipés de missiles air-air, en cas d'attaque des vieux hélicoptères afghans, et les trois autres de missiles antichars et de destruction des bâtiments.

Les deux pilotes du premier appareil leur font un geste amical, et se lancent dans l'action.

Les bâtiments qui protègent leurs adversaires sont détruits les premiers. Les explosions sont impressionnantes : rien à voir avec celles des grenades, et les deux édifices visés s'effondrent sur eux-mêmes, ensevelissant les talibans qui auraient pu survivre.

— *Nous nous occupons des blindés !*

La visée laser des appareils ne laisse pas de marge de manœuvre aux fantassins ennemis qui tombent les uns après les autres. Moustac apprécie être du bon côté de la barrière : avec les Tigres, « tu bouges, t'es mort ! ».

Trois des Tigres traversent la place pour aller porter leur tir un peu plus loin dans les faubourgs de la ville. Le bruit des missiles lancés est suivi rapidement par l'écho des explosions.

— *Une dizaine de transports de troupes et d'artilleries détruits avec leurs passagers. En voilà qui ne vous embêteront plus. On nous signale des Mig et des hélicos MI-35 qui arrivent vers nous. Le carburant va nous manquer pour un combat. Nos Rafales vont s'occuper des Mig. Ils n'attendent que ça ! Je vous laisse les hélicos ? Vous avez encore quelques missiles en réserve ?*

— Combien d'hélicos ?

— *On en annonce deux.*

— Ça devrait être bon. Mais une nouvelle livraison sera la bienvenue.

— *Je préviens l'US Air Force ! Bon courage !*

— Merci !

— Messieurs les Présidents, merci d'avoir accepté cette conférence.

— *Bonjour Axel, bonjour Vladimir !*

— *Bonjour, Axel, bonjour Williams !*

— Je commence : nous avons de bonnes nouvelles de l'Ouzbékistan. Les combats sont sévères, mais les talibans sont repoussés vers la frontière. Les Ouïghours ont réussi à passer au Turkménistan sans trop de pertes.

— *Tes Rafales ont fait du bon boulot, Axel, ces vieux Mig n'ont pas fait le poids !*

— Comme les missiles antichars de Williams.

— *Comme tes drones, Vladimir, et tes hackers ont paralysé les Afghans jusque dans leur capitale. Bravo aussi aux Tigres, Axel. Les Afghans n'ont plus beaucoup d'hélicos d'attaque disponibles, aujourd'hui.*

Chaque conflit est une évaluation « in life » du matériel de guerre, et des stratégies. Les trois présidents sourient aux compliments des deux autres. Les chercheurs des trois pays allaient avoir du travail en perspective.

— Le problème, à présent, c'est que le Turkménistan n'a pas du tout envie d'accueillir les onze millions de Ouïghours, le million et demi de Mandchous, le million d'Ouzbeks et le million et demi de Kirghizes qui sont à présent sur son territoire.

— *Un million d'Ouzbeks ?*

— Oui, une estimation réalisée par IA et satellite. L'Ouzbékistan va mettre un bon bout de temps à s'en remettre.

— *Qu'en dit le Président turkmène ?*

— Farhod ? Il ne décolère pas, mais ne peut pas vraiment s'opposer à quinze millions de personnes. C'est trois fois sa population.

— *Donc il y a des risques pour que les Ouïghours ne s'arrêtent pas là ?*

Le Président russe tape du poing sur sa table :

— *Pas question qu'ils passent par la Russie ! Le Kazakhstan s'y oppose, et nous aussi ! Le Turkménistan a soutenu l'Ukraine contre nous : à présent qu'il se débrouille !*

— La Caspienne est un obstacle important, Vladimir. Ils n'ont pas vraiment beaucoup de choix. Au sud…

— *Au sud, c'est l'Iran, puis l'Irak, avant d'arriver en Turquie. Tu te rends compte de ce que cela veut dire ?*

— *Toute la région va s'embraser, et les Turcs ne vont pas apprécier ?*

— Oui Vladimir, et là nous allons avoir des problèmes de positionnement… L'OTAN va devoir s'en mêler, tu le sais.

— *Da ! Mais pas question qu'ils passent par le nord ! Vy shutite !*[47]

— Et comme Achgabat, la capitale, est proche de la frontière iranienne, cela risque de provoquer des frictions rapidement.

— *« My nay budem vmesivatsja ! » Nous n'interviendrons pas !*

Le président français sourit à l'emportement de son homologue russe.

— Merci Vladimir. Je vais peut-être parler au nom de tous les trois. Je crois que nous avons ici l'occasion de nous débarrasser une fois pour toutes de la République Islamique d'Iran, sans nous salir les mains. Les théocraties ne sont pas des démocraties, et les Gardiens de la Révolution ne sont pas de gentils animateurs de centre de loisirs. Le peuple souffre, et plus particulièrement les intellectuels, les femmes et les jeunes. Nous avons un terrain fertile à la révolte. Qu'en penses-tu, Vladimir ? Tes hackers ne pourraient pas faire passer l'idée que la… La « Vague » ouïghoure est une opportunité pour ouvrir le pays à la modernité ? Sous couvert d'aide humanitaire à un peuple musulman persécuté par les méchants Chinois, bien entendu…

— *Je vais y réfléchir.*

3^E VAGUE – EN VUE DE KHARTOUM – SOUDAN – 20/02 – MOIS 5

— Mes amis, demain nous serons à Khartoum.

Avec ses deux millions d'habitants – quatre avec les environs –, la capitale du Soudan est un gros morceau à avaler pour la Vague. Et ils ne peuvent pas faire autrement que de

---

[47] « Pas question ! »

traverser la ville. Jusqu'alors, ils suivaient le Nil Blanc sur sa rive droite. Mais la confluence avec le Nil bleu – ils sont sur sa rive gauche – passe par le centre de Khartoum qui possède les quelques ponts nécessaires à la traversée. Or, ils tiennent à rester sur la rive droite du Nil, pour assurer leur montée vers le nord. Pas question donc, de traverser le Nil blanc, mais obligation de franchir le Nil bleu.

— Nous devons décider vite de notre attitude : la sécheresse raréfie les points d'eau, et nos réserves sont au minimum. Pareil pour le carburant des véhicules. La température monte, et nous sommes déjà à 35° centigrades à l'ombre, ce qui est trois ou quatre degrés au-dessus de la normale pour la saison. Et cela ne va pas s'arranger. Je passe la parole à Melkiory qui va expliquer pourquoi ce Conseil des Chefs est nécessaire.

Le treillis de Melkiory est particulièrement poussiéreux et trempé de sueur. Le personnage a abandonné, depuis le Kenya, sa posture prétentieuse, et il ne plastronne plus comme avant.

— Merci Malcolm.

Il regarde l'assemblée qui présente toute la diversité de « Ceux de la Vague », depuis le vieillard chenu d'une tribu kenyane – il devait au moins avoir cent ans – à la petite silhouette de Danya, la benjamine du Conseil, adorée de toutes et tous.

— Mes éclaireurs sont revenus hier et ils ont tous la même histoire à raconter. Les nouvelles ne sont pas vraiment bonnes. Le Soudan est en guerre civile depuis des années. Régulièrement, des manifestations à Khartoum sont réprimées dans le sang, ce qui relance la contestation violente. Les attentats et les sabotages font que la ville manque de tout. Nous allons avoir des problèmes pour notre ravitaillement. Nous vous avons déjà parlé des « Rapid Support Forces » qui s'opposent à l'armée régulière. La situation est tellement tendue que les ambassades sont fermées, et les ressortissants étrangers évacués. La Vague devient un problème pour les deux parties. Nous savons que nombre d'habitants de la capitale vont essayer de nous rejoindre. Et ils le savent aussi. Sans le soutien de la population, les soldats des deux camps vont nous tirer dessus. Avec le soutien de la population, ils vont encore nous tirer dessus, mais pour nous empêcher de partir.

— Il n'y a pas de solution ?

La question vient d'une vieille femme leader de sa tribu.

— Pas de solution totalement pacifique, je le crains. Nous sommes quelques millions à avancer vers Londres, mais notre nombre est aussi notre faiblesse. Nous avons besoin d'eau, de nourriture, de carburant. Nous avons besoin des ressources de Khartoum.

— Que proposes-tu ?

Un nouveau cri venant d'une autre tribu, d'une autre direction dans l'assemblée.

— Je propose que nous commencions, dès ce soir, à nous exprimer haut et fort sur notre quête ! Les tambours doivent transmettre notre slogan à toute la région. Nos danses et nos chants montrer que nous sommes pacifiques.

— Ce ne sera pas suffisant !

— Non ! Pendant ce temps, mes chasseurs et mes éclaireurs vont protéger le convoi. Nul ne doit nous approcher avec une arme létale sur lui. Il va y avoir des échauffourées : l'armée ou les RSF vont nous provoquer. Ils ne doivent pas passer les armes à la main ! Donc, protégez les enfants et les personnes vulnérables au cœur du convoi. Resserrez les distances, organisez les bivouacs pour qu'ils soient facilement défendables. Chacun doit être armé : couteau, arc, lance, pistolet, grenade, fusils… Hommes et femmes. Ne vous en servez qu'en dernière extrémité, mais servez-vous-en pour défendre votre vie ! Mes hommes arriveront rapidement, mais ils peuvent être occupés ailleurs. Nous avons des soldats de métiers, en face. Ils savent y faire.

— Que doivent dire les tambours ?

— Rejoignez-nous ! Notre cause est juste ! Marchez avec nous ! Nous partons vers le nord ! Et, bien évidemment : « We need water ! We need it now ! Harambee ! »

— Monsieur le Président…

— Il suffit, monsieur… Moustac ! J'en ai assez de vos excuses : vous avez envahi mon pays ! Les Chinois sont loin !

Les talibans sont repoussés vers leurs frontières ! Retournez d'où vous venez !

Farhod, l'honorable Président du Turkménistan, trépigne de rage. Quinze millions de migrants ont déferlé en quelques jours dans son pays. Lui, qui continuait la politique isolationniste de ses prédécesseurs, est confronté à un mouvement de populations hétéroclites, armées, plus ou moins belliqueuses, que son territoire ne peut pas nourrir du jour au lendemain. Les Turkmènes sont cinq millions, contre les quinze millions qui arrivent de l'est. Et comme son pays est constitué à quatre-vingts pour cent de désert, ils viennent tous s'installer dans la capitale. Celle-ci concentre un cinquième de la population autochtone, à présent noyée sous le flot des arrivants.

— Et il y a plus : les Iraniens sont furieux de votre présence ici ! Ces paranos osent me menacer ! Nous ne sommes qu'à quelques kilomètres de la frontière, à vol d'avion ou de missile. Et le passage par la côte de la Caspienne est à cinq cents kilomètres. Cela veut dire qu'ils sont capables de venir vous combattre jusqu'ici s'ils le décident. Vous ne pourrez pas tenir contre leur armée, et moi non plus. Elle est puissante, surarmée, entraînée.

Arzu tente une nouvelle approche :

— Nous n'avons pas l'intention de les provoquer…

— Vous êtes une provocation à vous seule, madame ! Les Iraniens ne supportent pas les femmes, et encore moins les femmes de pouvoir ! Comme mon peuple, d'ailleurs ! Nous sommes de bons musulmans, et la place de la femme n'est pas à la guerre !

— Monsieur le Président, vous outrepassez les lois de l'hospitalité !

— Vous êtes un blasphème sur patte ! Pourquoi n'êtes-vous pas voilée ?

— Votre conception de l'Islam n'est pas la mienne, monsieur. Je crois que tout a été dit : sortons !

Les tambours changent de rythme quand Malcolm décide de reprendre la route vers Khartoum.

Depuis deux jours, ils lançaient un message de rassemblement, et ils avaient été entendus. Les éclaireurs de Melkiory estiment qu'ils sont près de deux millions de personnes à les avoir rejoints, avec armes, bagages, familles, nourritures et véhicules. La moitié de la population, dont des militaires des deux camps antagonistes. Les Soudanais ont choisi leurs camps. Ils partent vers le nord, vers l'Égypte, et plus loin, jusqu'à Londres.

La ville est déserte : les RSF se sont retirés dans les terres, tandis que l'armée régulière, pour ceux qui ne protègent pas le palais présidentiel, s'est enfermée dans ses casernes.

Malcolm voit un peu partout des magasins pillés : les Soudanais ont faim, et surtout, ils ont soif et en ont assez de cette vie d'incertitude et d'insécurité permanente. Quelques cadavres trainent dans les décombres, tailladés à coups de machettes ou transpercés de flèches, de lances ou de balles.

Devant lui, de temps à autre, des coups de feu : les éclaireurs de Melkiory font le ménage et sécurisent le passage.

Malcolm a mal au cœur : l'utopie, son utopie, a vécu ! Le pacifisme de « Ceux de la Vague » s'est noyé dans les intérêts des puissants et des dirigeants corrompus. Et il sait que cela ne va pas s'arrêter : l'Égypte est une poudrière de misère et de violence latente, rongée de l'intérieur par les islamistes radicaux qui n'ont qu'Israël comme horizon.

En traversant Khartoum, il voit que la population qui ne les a pas encore rejoints se masse sur le passage du cortège. Des gens de tous âges et de toutes conditions, qui les saluent timidement, incrédules. Nul doute que la ville va aussi se vider derrière eux. La Vague a une puissance d'aspiration jamais atteinte par aucun autre mouvement dans l'Histoire. Un effet que Malcolm n'a jamais imaginé lorsqu'il a décidé de partir « vers Londres » quelques mois plus tôt.

— Tu vas bien, Mélina ?

Ignacio est inquiet. Ils ont été interceptés en pleine Pampa par un éclaireur qui leur a annoncé que les anciens avaient été transportés et regroupés par l'armée à Vicuña Mackenna. Avec Micaela enceinte, il n'osa pas, tout d'abord, accélérer le pas, mais celle-ci le détrompa : les hormones activaient positivement son métabolisme et, en dehors de quelques nausées matinales, elle pouvait mener à bien leur progression.

— Oui, tout va bien, Ignacio. L'armée a bien fait son travail, et nous disposons d'un hôpital de campagne, d'un stock de médicaments et de pansement impressionnant, d'eau et de nourriture pour tout le monde.

Micaela sourit à cette nouvelle :

— Je vais en avoir besoin.

Ignacio la regarde, et son visage exprime tour à tour de la tendresse, de la peur, et de la colère :

— Ouais ! Je me demande ce qu'ils attendent en retour…

— Que nous partions le plus vite possible ! L'idée de la Vague continue à aspirer vers nous les travailleurs et les petites gens de toute l'Argentine. Y compris, ils se plaignent du nombre de déserteurs en augmentation. Ils n'arrivent pas à les retrouver parce que la troupe les soutient plus ou moins directement. En attendant, nous recevons des milliers de nouveaux « marcheurs » chaque jour. Peut-être des dizaines de milliers. Des familles entières se lancent dans notre aventure.

— Nous ne pourrons pas partir avant que la majorité de nos amis répartis dans la Pampa ne nous rejoignent. Nous avons pressé le pas, mais la murmuration est suffisamment étalée sur le territoire pour que les éclaireurs ne les aient pas encore atteints. Merci, d'ailleurs, pour cette initiative : cela nous a fait plaisir de recevoir des informations du convoi.

— J'ai pensé que cela serait utile.

— Bravo ! Nous allons devoir attendre une dizaine de jours avant de relancer la marche vers le Chili. As-tu obtenu des informations de l'attitude des Chiliens à notre égard ? Nous sommes isolés de tout depuis des semaines.

— La tension entre les deux pays est importante. Les Chiliens nous craignent. Ils disent que c'est l'armée argentine qui nous dirige en sous-main.

— Je crois, Micaela, que tes éclaireurs vont être encore à l'honneur.

— Oui, mais avant, je voudrai me reposer, et Mélina, je vais avoir besoin de tes compétences.

— Oh… C'est grave ?

— Pas particulièrement, non, je vais t'expliquer…

Arzu est contente, car ses contacts ont été fructueux :

— J'ai trouvé, en ville, une réfugiée iranienne qui s'avère être une des responsables en exil du mouvement Masha Amini.

Moustac fronce des sourcils.

— C'est qui Masha Amini ?

— Une jeune femme emprisonnée en 22 parce qu'elle ne voulait pas porter le voile obligatoire. Le traitement de la police des mœurs a conduit à sa mort trois jours plus tard. Depuis, elle est devenue le symbole de la révolte des femmes contre l'oppression des imams. Ceux-ci ont dû dissoudre la Police des Mœurs avant de la remettre en service un peu plus tard. La répression a fait des centaines de morts dans le pays sans que la fronde s'arrête.

Erkin est sceptique :

— Comment sais-tu que ce n'est pas une espionne du gouvernement ?

— Je ne le sais pas… Je ne lui fais pas encore tout à fait confiance, mais… Ce qu'elle m'a dit, c'est qu'elle allait prévenir les résistants du pays de notre arrivée, et de nos intentions.

— Comment va-t-elle faire ? Les imams bloquent internet et toutes les communications vers l'étranger depuis des années !

— Les résistants ont leur propre système de transmission des informations. Le bouche-à-oreille fonctionne moins vite qu'internet, mais il est aussi efficace.

— Je veux bien le croire…

— Cependant, internet fonctionne partout ailleurs. Elle m'a donné des noms en Syrie, Turquie et Azerbaïdjan. En Irak, elle n'est pas sûre de ses contacts : le pays est dévasté et la corruption un art millénaire de survie. Je vais mettre mes hackers sur le coup.

— Recommande-leur la prudence, sinon, nous allons avoir l'armée iranienne sur le dos.

— Nous l'aurons de toute façon. Ce qu'elle propose, c'est un soulèvement simultané : pendant que nous avançons sur la côte de la Caspienne vers Téhéran, et que l'armée viendra à notre rencontre, les femmes de tout le pays se soulèveront. Le tout, c'est que nous donnions le top départ.

— Nous allons prendre tous les risques… Elle y met des conditions ?

— Que nous les laissions faire et que nous passions notre chemin : le pays est à elles, et elles ne veulent pas que nous restions sur leur route.

— Quelque part, cela me rassure : toute autre demande aurait été suspecte.

— Je lui ai déjà donné mon accord.

— Tu as bien fait.

Erkin a un sourire :

— Tu devrais lui parler de notre opération « grande omelette », cela lui donnera peut-être des idées…

Ils répriment des rires à cette pensée[48], mais retrouvent très vite leur sérieux.

— À présent, il nous faut définir une date.

— C'est Farhod qui va être content.

Moustac les regarda droit dans les yeux :

— Celui-là, il ne perd rien pour attendre. J'ai entendu parler de ses méthodes. J'ai vu les tortures. J'ai parlé aux femmes qui ont perdu un fils ou un mari dans les geôles de ce bourreau. Alors je vais m'en occuper, avec mes gars. Définissons une date, et lui, je m'en occuperai la veille.

---

[48] Voir le tome 1 : « Les trois sœurs ».

Erkin accepte la détermination qu'il voit dans le regard du vieil homme, et relance Arzu.

— D'accord. Mais fais attention : il est paranoïaque et il sera bien gardé. Arzu, reprends contact avec ta réfugiée. Dis-leur que nous sommes partants. Nous commencerons à marcher vers l'Iran dans six jours, le 02 mars. Ça vous va comme délai ?

— D'accord.

— Moustac ?

— Je m'occuperai donc de Farhod dans cinq jours. Tout à fait d'accord. Faisons circuler l'information. Tous ceux qui savent se servir d'une arme en avant ! Rendez-vous général dans cinq jours à Etrek, près de la frontière, et avec un jour de retard, les femmes, les enfants et les vieillards. Je les rattraperai et les protègerai.

— Je crois que nous sommes d'accord.

Washington – É.-U. – 25/02 – Mois 5

— Bonjour Alex, bonjour Vladimir !

— *Bonjour William !*

— *Oui, bonjour.*

— J'ai organisé cette conférence pour vous donner les dernières nouvelles du Turkménistan : les Ouïghours sont à nouveau en mouvement. Tu devrais être content, Vladimir : ils ont décidé de passer par l'Iran.

— *Cela confirme les informations que je viens de recevoir.*

— L'Iran aussi dispose de ces mêmes informations : ils mobilisent !

— *Promis, ce n'est pas moi qui leur ai donné !*

— Farhod, peut-être… Selon mes sources, il n'a pas apprécié le contact avec les Mandchous de la Vague.

Alex, pour sa part, est soucieux.

— *Impossible pour nous d'intervenir en Iran. Nous ne pouvons que fournir des armes et regarder vers où va souffler le vent.*

— La résistance iranienne a aussi ses sources, et elle est en ébullition. Les femmes se mobilisent pour créer un évènement. Pour l'instant, je n'ai pas plus de précisions. Alex ?

La diaspora iranienne ne t'a rien dit ? Ils sont bien présents en France depuis la destitution du Chah et la répression continuelle des imams.

— *Mes services de renseignements m'ont bien prévenu d'une agitation inusitée, mais je n'ai pas de précision pour l'instant. Je vais leur demander de fouiller un peu.*

— Nous ne pouvons pas envoyer d'avions ou de troupes sur le terrain, mais nous pouvons jouer avec nos missiles de croisière si nécessaire. Qu'en penses-tu, Vladimir ?

— *Si nous visons minutieusement les points militaires stratégiques, pourquoi pas…*

— *Ce serait peut-être une opportunité, aussi, pour réduire en bouillie leurs usines de retraitements nucléaires.*

— Je vois que ce sont des idées communes, à tous les trois. Je vous propose que nous mettions nos chefs d'état-major dans le coup afin de coordonner nos actions.

— *Je m'occupe de l'Europe !*

— Oui, Alex : après l'Iran, s'ils survivent, les Ouïghours vont continuer vers l'Irak, qui ne leur posera pas de problème, puis vers la Turquie. Et là, vous aurez des problèmes directs à gérer. Je m'occupe de l'OTAN : nous en aurons besoin. Messieurs, je crois que nous sommes d'accord !

Les premiers arrivés sur les bords du lac Nouba – précédant le Lac Nasser et la frontière avec l'Égypte – n'ont qu'une envie, c'est de s'y plonger. Avec 41° centigrades, température de l'air supérieure de 5° à la moyenne de février, l'eau est tentante. Mais les paysans du coin les en dissuadent rapidement : les crocodiles rôdent, et leur nombre contrarie l'efficacité de toute chasse préventive.

L'eau elle-même pose aussi un problème : elle est infestée par le schistosome, un ver parasite provoquant la bilharziose. Désinfecter la moindre gorgée d'eau devient donc une nécessité majeure.

— Nous avons besoin de Praziquantel, Malcolm ! En quantité phénoménale !

— C'est quoi ?

— Le seul médicament efficace contre les vers.

Et le plus petit puits de la région ne donne bien souvent que de l'eau salée. Le Haut Barrage d'Assouan, qui avait créé les 500 km du lac Nasser, est une catastrophe écologique et environnementale. Les médecins de la Vague ont bien du travail, depuis leur arrivée.

— Nous avons vidé les cuves d'eau, mais aussi de carburant de la ville, Malcolm. Et le convoi n'est pas encore au complet.
— Il y a plus de cinq cents kilomètres d'ici Assouan : il faut tenir le coup, et calculer juste pour chaque véhicule. Les Soudanais ne nous aideront pas plus, et pas sûr que les Égyptiens apprécient notre arrivée.
— D'accord… Je vais essayer d'organiser ça.

— Ethan ?
— Oui Malcolm ?
— Il y a encore des journalistes dans le convoi ?
— Trois ou quatre, oui…
— Je crois qu'il serait temps que tu relances les médias : nous avons besoin de tout, et les Égyptiens ne nous voient pas arriver d'un bon œil… Or, nous avons besoin du peuple pour passer le Canal de Suez. Lui seul est capable d'empêcher les militaires de nous massacrer, et ce, dès le Haut Barrage à Assouan.
— Tu crois que…
— Oui, je le crains… « We need water ! We need it now ! Harambee ! » est de plus en plus d'actualité. Nous sommes affaiblis par ce voyage interminable, et notre chemin ne doit pas, ne peut pas s'arrêter là !

En dépit de son âge et de sa fatigue, Moustac a tenu à participer et même à diriger le commando d'une vingtaine de Mandchous qui s'attaque en pleine nuit au palais présidentiel d'Achgabat[49]. Un autre commando s'occupe d'une diversion : le dynamitage de « L'Arche de la Neutralité », l'un des symboles du régime depuis la fin du siècle dernier.

Moustac regarde le plan fourni par des architectes locaux : un grand jardin et, au fond, un bâtiment massif sur deux étages et des terrasses. La suite présidentielle se situe au second. Entre les deux, un peu partout, des détecteurs de présence que les hackers d'Arzu disent avoir neutralisés à la source, et une centaine de gardes armés jusqu'aux dents.

Moustac et ses hommes sont masqués et tout de noir vêtu, mais il réalise à la dernière seconde que c'est peut-être une erreur : le marbre blanc et le granit clair dominent dans la construction et ils vont apparaître en noir sur un fond blanc... Trop tard, et impossible de retarder l'action : demain, la Vague commencera son périple en Iran. Et Farhod mérite qu'on s'occupe de lui : le personnage est odieux, mortellement odieux.

Il lance la moitié de son équipe vers la droite du palais et emmène la sienne à gauche. Ils ont déjà éliminé une douzaine de gardes, au poignard, pour entrer dans les jardins, et l'alerte va bientôt être donnée. Si ces gars font bien leur boulot, ils doivent indiquer régulièrement leurs positions.

Un homme découpe une fenêtre sans que l'alarme retentisse, et ils entrent sans bruit dans le bâtiment. Arzu a raison, ses hackers sont des cracs. Les gardes de surveillance ne voient que des images en boucle sur leurs écrans, et les signaux d'alarme sont ignorés par les ordinateurs centraux. Moustac sourit : comme pour les Chinois, les Turkmènes pèchent par excès de centralisation. Un défaut de « management » qui se traduit aussi... par un manque d'autonomie des alarmes locales.

Moustac identifie un escalier qui descend aux sous-sols du palais. Ils n'ont pas pu obtenir des plans précis du sous-sol, gardés secrets, et ils entrent donc dans une zone

---

[49] Nommé « Palais Présidentiel d'Oguzhan », du nom du premier président du Turkménistan. Construit en 1997 par une entreprise française.

d'incertitude. L'autre groupe, du côté droit, doit en être au même stade.

En toute logique, la salle de surveillance doit se trouver au centre du palais, au cœur de ce souterrain. Mais combien de niveaux celui-ci comprend reste à découvrir ?

En toute logique aussi, ce premier niveau doit contenir une salle de repos des gardes, une cuisine, des douches et des toilettes. Un deuxième niveau, au moins, doit permettre au président et à sa famille d'échapper à une attaque directe venue du ciel : un blockhaus de survie, sans doute antiatomique.

Première mission des commandos, donc : neutraliser la salle de surveillance et de communication. Deuxième mission : neutraliser les gardes en repos dans ce premier soussol.

Les couloirs sont vides de toute présence, et s'enfoncent sous la terre dans des directions excentrées, sans doute hors du périmètre des jardins. Ils n'ont aucune nouvelle du deuxième groupe, et la tension monte à chaque pas.

Le couloir se divise en deux : une section continue tout droit pendant que l'autre tourne à droite. Et, chance, un plan scellé dans le mur lui montre où ils sont, et surtout, où sont les autres commandos : au bout du couloir de droite. Moustac respire mieux : ils ne se sont pas trompés. Au milieu du plan, une zone blanche, qui doit être la résidence de sécurité, le blockhaus du Président.

Droit devant, dans leur couloir, la salle de surveillance du palais.

Moustac la désigne du doigt et lance immédiatement trois de ses commandos dans l'action. Le plan indique aussi, sans trop de précision, les sorties arrière du complexe, et très précisément la salle de repos des gardes. Celle-ci a deux ouvertures, une sur chaque couloir.

Des doigts, toujours en silence, il indique la situation de la salle des gardes comme premier objectif, et celle de la sortie de secours comme deuxième objectif pour deux d'entre eux. En troisième, ils les engagent tous à regarder les entrées possibles du blockhaus présidentiel.

Il regarde sa montre : ils leur restent dix minutes avant l'attaque du monument.

Quand ils arrivent à la salle de contrôle, le climat est clarifié : trois gardes gisent dans une mare de sang, et plus personne ne surveille les caméras et les signaux d'alarme.

— Ok, les gars… Bon boulot.

Moustac chuchote, mais sa voix porte dans l'oreille de chacun.

— La salle de repos. Pas de quartier ! N'oubliez pas les cuisines, les douches et les toilettes. Un avec moi ! Je vais chercher ici un accès avec le blockhaus présidentiel. Soit il est électronique, et il n'y a pas de portes, soit il est réel, et il se situe ici. Je suppose qu'il a besoin de voir et de toucher en direct. Il ne fait confiance qu'à lui-même… Dès que nous sommes entrés, je déclenche sans doute l'alarme. Cela va faire descendre le Président et sa famille. Ça va aussi alerter les sentinelles que nous n'avons pas encore maîtrisées dans le palais. Pas question de toucher aux femmes et aux enfants. Seul lui nous intéresse. Ok ? C'est parti !

Les commandos s'engouffrent dans le couloir sans un bruit. Ils sont disciplinés et efficaces.

Moustac et son acolyte se mettent à chercher une issue à la pièce. C'est relativement facile : il n'y a que deux murs disponibles.

— Mon oncle ! Regarde !

Une paroi semble découpée au laser : la fissure est infime, mais bien présente.

Un coup de feu, dans le couloir : un garde, sans doute, car ses commandos sont équipés de silencieux. D'autres coups de feu. Ils sont suffisamment enfoncés dans le sol pour que rien ne soit perçu dans les étages, mais un téléphone personnel peut avoir échappé au brouillage.

Armes automatiques, cris de douleur.

Moustac examine la… fissure, mais ne trouve aucun moyen d'ouvrir une éventuelle porte.

— Il doit bien y avoir un moyen… Électronique sans doute. Tu jettes un œil sur les consoles ?

Au bout d'une bonne minute, le commando se retourne vers lui…

— Il y a trois boutons rouges… Des alarmes ?

— Un peu tôt pour les déclencher. Mais trois, c'est un de trop. Pas d'indication ?

— Non, ils sont alignés.

— C'est certainement trop simple, mais j'ai bien envie d'appuyer sur le bouton central.

— Ça déclenche peut-être l'alarme générale…

— Ou l'ouverture de la porte du blockhaus. Vas-y !

— C'est parti !

Un bruit de succion puis un souffle d'air, et une épaisse porte s'ouvre là où ils l'avaient décelée. Moustac la coince avec un fauteuil de travail massif.

— C'était simple ! Pour confirmation, appuie sur le bouton de gauche.

Une alarme bruyante se met en route et leur martyrise les oreilles.

Moustac crie :

— Et celui de droite !

L'écho d'une deuxième alarme leur parvient par les couloirs.

Moustac est content de lui. Il attend l'arrivée de ses hommes qui lui signent qu'un seul commando a été blessé, mais qu'ils contrôlent la situation. Une vingtaine de morts chez les gardiens.

— Ok, on y va !

Ils ne l'entendent pas, avec le hurlement des sirènes, mais ils comprennent tous ce qu'il veut dire.

Le décorum, dans le blockhaus, est somptueux : de l'or, du platine, des diamants incrustés dans des objets d'art, des tableaux de maître… Au sol, et parfois sur les portes, des tapis Boukhara originaux, faits à la main par les tribus turkmènes nomades qui parcourent le désert. Au plafond, des lustres ouvragés en cristal.

Les commandos sont impressionnés, mais explorent soigneusement chaque pièce. Il y en a une dizaine.

— Une salle de bain : il ne se refuse rien, le président ! Son peuple a soif, mais lui… Marbre, robinet en or, et baignoire à jacuzzi…

— Une cuisine !

— Une chambre d'enfants.

— Un bureau de communication ! Des ordis dernier cri !

— Embarque-les et détruis le reste !

— J'ai trouvé l'ascenseur ! Il est en marche !

— Planquez-vous !

Avec un nouveau bruit de succion, la porte de l'ascenseur s'ouvre et laisse passer une femme qui pousse un cri et stoppe les enfants et l'homme qui était derrière elle.

— Entrez, madame ! Et vous président, ne bougez pas : mes hommes sont un peu nerveux aujourd'hui.

La femme, dévoilée, en robe de chambre, presse ses enfants autour d'elle. Elle est terrorisée.

Pour son honneur, le Président se place devant elle.

— Ne touchez pas à ma famille ! Que faites-vous là ?

— Nous ne toucherons pas à votre famille, Monsieur le Président. Mais vous, vous allez nous suivre.

L'homme est nerveux, et résiste pour le principe, mais il est vite maîtrisé.

— Nous avons trouvé la sortie de secours vers l'extérieur !

— Excellent ! Nous allons passer par là.

Il se tourne vers la femme et la salue d'une inclinaison de la tête, la main sur le cœur.

— Désolé madame, nous partons et nous emmenons votre mari. Ah ! Excusez-moi !

Il pousse la femme et les enfants et tire deux ou trois coups de pistolet dans le panneau de contrôle de l'ascenseur.

— En route !

— Où m'emmenez-vous ? Et pourquoi ?

— Pourquoi ? Vous nous avez vendus aux Afghans, Farhod ! Sans doute aussi aux Iraniens !

— Vous êtes Moustac ?

— Je suis aussi votre mort !

— Des nouvelles d'Achgabat ?

— C'est la panique chez les notables : le palais présidentiel a été attaqué. Un monument important et symbolique a été détruit dans la capitale. Des dizaines de gardes ont été tués. Le président a été kidnappé, et a été retrouvé dans un fossé, au petit matin percé d'une douzaine de balles.

— Un peloton d'exécution ?

— Oui !

— Et l'armée ?

— Elle clame partout que les Ouïghours sont responsables de tout, mais comme nous ne sommes plus là, ils ne peuvent rien prouver. On parle d'exécutions arbitraires, de meurtres, mais aussi d'émeutes et de pillages.

— Bref, ils ne sont pas près de nous courir après. Voilà une bonne chose. Des nouvelles de Moustac ?

— Tout va bien : ils ont rejoint le convoi des familles et en assurent la sécurité. Un blessé léger dans les évènements de la nuit.

— Génial : Arzu, prépare un communiqué de presse, et qu'il soit diffusé partout ! Compte tenu de l'instabilité du pays, nous partons vers l'Iran !

— L'armée iranienne nous attend à la frontière !

— Oui, je sais, mais ils vont avoir une sacrée surprise…
Erkin sourit à cette pensée.

— Que les premières lignes approchent à portée de tir, mais ne soyez pas à l'initiative. S'ils passent la frontière, pas de cadeau ! Arzu, tu sais qui prévenir ?

— Oui, elle n'attend que ça ! L'Insurrection des Femmes devrait commencer d'ici une heure.

— La « grande omelette » ?

— Oui, elles ont trouvé l'idée excellente.

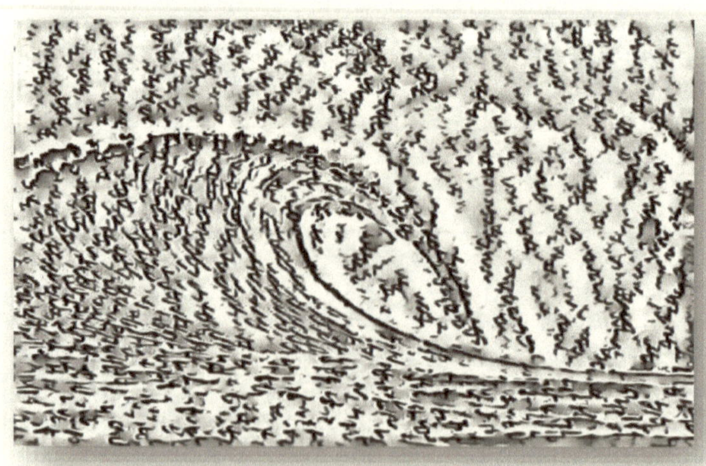

XV – CHAOS

— Messieurs, nos prévisions se sont révélées exactes : c'est le chaos en Iran. Selon nos informations, les femmes se sont révoltées.

Vladimir interrompt Alex en riant à gorge déployée :

— *Les hommes se planquent ! les femmes parlent de « casser des œufs ! » Quelqu'un sait ce que cela veut dire ?*

— *Plus exactement, leur slogan tourne autour d'une « grande omelette ».*

— Messieurs, rappelez-vous la révolte des Ouïghours : ce sont eux qui ont inventé le concept. Une punition ancestrale dans le monde entier et depuis des millénaires : châtrer les tortionnaires.

Vladimir et William retrouvent immédiatement leur sérieux : la perspective ne les amuse plus du tout.

— *Des barbares ! Varvarov !*

— Une révolte à la hauteur de l'oppression. Si j'ai bien compris, les femmes se sont organisées en duo. Chaque duo a une cible désignée, des barbus pour la plupart. Et pour éviter toute hésitation, cette cible ne fait pas partie de leur propre famille. Depuis hier, ce sont des centaines de milliers d'hommes qui se sont retrouvés à l'hôpital. Ceux-ci sont débordés et nombre des… blessés… vont mourir bientôt. Je crois qu'il est grand temps que nous appliquions notre jeu, à notre tour.

— *Les Ouïghours sont massés à Etrek. Ils n'ont pas encore bougé, mais ils sont prêts à le faire. Mes satellites me montrent que l'armée iranienne, en face, a fait reculer une partie de ses effectifs pour répondre à la Révolte des Femmes.*

— Merci William. Mes informateurs me disent qu'ils sont désarçonnés par la tournure des évènements.

— *Tu parles, tovarishch ! Si ma femme prenait un couteau et allait « s'occuper » de mon voisin avec, je le serais aussi, « désarçonné ».*

Les trois hommes d'État esquissent un sourire en imaginant leurs épouses respectives dans cet état d'esprit. Alex reprend son sang-froid le premier.

— Nos chefs d'état-major se sont réunis et ont défini ensemble une stratégie qui demande notre approbation. Avez-vous lu leur rapport ?

— Yes !

— Da !

— Avez-vous des objections ou des suggestions supplémentaires ?

— *Non… La destruction des usines de retraitement nucléaires est une nécessité.*

— *La destruction des usines d'armement aussi. Ces gens sont des plaies pour l'humanité !*

— La disparition de leur aviation, de leur site de lancement de fusées, et de leur marine prendra plus de temps. Avec les sites stratégiques annexes, cela représente en gros deux à trois cents missiles de croisière qui vont atteindre le sol de l'Iran.

— *Da ! Une bonne chose !*

— *Cela représente surtout un coût considérable, mais je pense que l'humanité va nous remercier de l'avoir fait.*

— Personne, officiellement, ne doit savoir cela.

— *Mais officieusement, cela donnera du plomb dans la cervelle des apprentis dictateurs.*

— Êtes-vous prêts pour cette nuit, 23.00 — heure locale ?

— *Yes !*

— *Da !*

— Alors c'est parti !

— L'Iran est en plein chaos ! Les femmes se sont révoltées dans tout le pays et elles sont en train de gagner !

Arzu sourit, heureuse des nouvelles qu'elle vient de recevoir.

— Les Américains nous ont fait savoir, tout à fait officieusement, qu'avec les Russes et les Français, ils avaient « contribué à réduire le potentiel militaire » des mollahs. Je ne sais pas ce que cela représente, mais cela ajoute à la pagaille !

— Mes amis, je crois qu'il est temps d'avancer. Si nous demandons « poliment » le passage, en face, ils ne s'y opposeront pas.

— Tu es bien optimiste, Erkin !

— Envoyons-leur un émissaire : ils n'ont très certainement plus de chefs, et ceux qui restent doivent être débordés !

— D'accord… Mais un émissaire protégé : ils peuvent très bien nous rendre responsables de leurs problèmes, et se retourner contre lui.

— Où contre elle ! J'ai bien envie de m'y coller !

— Arzu, non !

— Si ! Tu vas devoir t'y faire, monsieur mon mari : les femmes ont leur mot à dire, aujourd'hui plus encore qu'hier !

3ᴱ Vague – Assouan – Égypte – 04/03 – Mois 5

Les tambours bourdonnent depuis des jours. Ils ont descendu le lac Nasser sans rencontrer d'opposition, or le désert de Nubie lui-même, et le manque de routes. Mais arrivés au Barrage d'Assouan, l'armée les attend.

L'armée égyptienne est l'une des plus importantes d'Afrique, avec 500.000 engagés et près d'un million de réservistes. Elle dispose d'une aviation puissante de 300 chasseurs et 800 autres appareils, d'une cavalerie de près de 5.000 chars, et d'une marine de plus de 300 navires de guerre.

Pour on ne sait quelle raison, là, ils ne sont que quelques centaines de soldats égyptiens, soutenus par une dizaine de blindés légers, contre quelques millions de « marcheurs ».

Les fantassins sont clairement désemparés par cette foule. Ils ont reçu des ordres : « empêcher ces fauteurs de trouble soudanais » d'envahir l'Égypte. Mais ils ne s'attendaient pas à une telle masse.

Devant les rumeurs de guerre, les riches touristes ont plié bagage depuis la veille. Chacun, des hôtels de luxe aux souks, s'inquiète de l'arrivée de « Ceux de la Vague », et les rumeurs courent bon train.

Il est 07.00 et Malcolm reçoit les éclaireurs qui ont contourné le cordon militaire pour s'enfoncer dans la ville. Il les questionne un à un et les nouvelles sont contradictoires. La quête de l'eau est un thème aujourd'hui universel, mais les « Soudanais » sont considérés comme « un terreau pour les terroristes », et l'Afrique du Sud, c'est loin. Pour un « égyptien moyen », tous les noirs sont « des Soudanais ». Un thème récurrent, chez eux, depuis quelques millénaires.

Finalement, après consultation de quelques chefs venus aux nouvelles, il prend une décision :

— Envoyons un émissaire négocier. Qu'ils viennent visiter notre camp ! Laissez planer le doute : nous voulons juste remonter dans le nord… Pendant ce temps, multipliez les bivouacs, les chants, les danses, et planquez les armes. Nous sommes un… groupe festif, pas militaire. Nous ne toucherons pas les monuments historiques, nous ne sommes pas là pour ça. Nous avons seulement soif, comme eux ! Regardez le lac : il s'engorge jour après jour de limon, et le niveau de l'eau baisse pendant que les températures frisent les 50° à l'ombre. Certains bateaux ne peuvent plus passer et la pêche ne nourrit plus la population comme il y a seulement dix ans. Alors, ils doivent être inquiets. Rassurons-les le plus possible.

Il est 11.00 quand deux grosses jeeps reviennent vers eux, l'une avec un officier et les délégués de la Vague, l'autre remplie de commandos armés.

— Nous avons de la visite ! Préparez un repas pour tout le monde. Cela peut servir…

Le Commandant de la Force Militaire d'Intervention d'Assouan est un quadragénaire tout en muscle, à la mâchoire ferme et au rictus de mépris qui n'augure rien de bien. Son anglais sent La City, et il le maîtrise sans doute mieux que Malcolm.

Sans serrer les mains tendues, il les interpelle :

— Monsieur… Malcolm ? Retournez sur vos pas ! Vous n'êtes pas les bienvenus à Assouan.

Les tambours s'étaient tus à son arrivée. Et un silence pesant règne sur la tente aménagée en urgence pour la rencontre. Mais en dehors de Malcolm et de Danya, personne ne transpire alors que la température extérieure dépasse déjà les 40°.

— Commandant… Séthi ? Derrière nous, il n'y a que le désert. Nous avons besoin d'eau, de vivres, de carburant. Et nous ne voulons pas retourner à Khartoum, mais aller à Londres.

La délégation réunie par Malcolm – sans Melkiory qui s'est fondu avec ses hommes dans le convoi – comprend Ethan, Thandwa et Zama, et bien sûr Danya. Cette dernière attrape le militaire par la manche, ce qui le fait sursauter violemment :

— Dis, monsieur ? Pourquoi tu es méchant ? J'ai soif !

La petite joue « au bébé », et Malcolm se retient de sourire. Il reprend sa contenance et d'une voix faussement sévère, s'adresse à la gamine :

— Danya, voyons ! Le Commandant n'est pas « méchant ». Il est venu voir qui nous sommes. Et voir si nous ne sommes pas dangereux pour lui. Prends un peu de thé, et tu devrais lui montrer le camp et lui expliquer comment nous nous organisons. Le temps que nous préparions le repas : vous êtes notre invité, Commandant, ainsi que vos hommes. Thandwa et Zama vont t'aider, Danya.

Les deux Swazis sont plus grands que l'égyptien, et lui renvoient son expression de mépris. Celui-ci a un frisson de colère, mais il repousse les deux soldats qui veulent l'escorter.

— Retournez à la base ! Venez me chercher vers 14.00.

Malcolm a l'impression de recommencer la scène vécue avec Melkiory quelques semaines plus tôt.

Il laisse Danya emmener le militaire à la découverte du camp où les chants et les danses reprennent. Il sait que le message va circuler, afin de recevoir cordialement leur visiteur.

Après avoir organisé le repas, il cherche Melkiory. Il finit par le trouver dans une tente anonyme, en train de déguster un thé.

— Bonjour Melkiory. Tout va bien ?

— Assieds-toi et prends un thé. Oui, tout va bien, à part ce cordon de militaires qui nous empêchent de passer. Ils sont peu nombreux, mais ce sont des commandos. Des hommes d'action bien entraînés. Ils peuvent faire de gros dégâts.

— Oui, je m'en doute, mais nous n'avons pas besoin de ça. Nous devons passer en douceur. Danya le promène dans le camp et après, je l'ai invité à déjeuner. Tu te joins à nous ?

— Oh… Une invitation ?

Le sourire du militaire oscille entre le cynique et le sceptique.

— Ça va ! Laisse tomber : qu'en penses-tu ?

— Deux possibilités : on lui montre qu'on est capable de nous défendre, ou on joue « la carte du tendre »[50], et on lui fait la surprise s'il nous réserve un mauvais coup.

— Je préfèrerai la deuxième hypothèse, mais je ne suis sûr de rien. Il n'a pas l'air commode, ce gars.

— Je peux venir seul, en treillis, comme lui, et entretenir le mystère…

— Je sais que tu fais ça très bien… Danya sera très contente de te voir.

— Il est armé ?

— Oui, un pistolet, et peut-être des couteaux dissimulés dans son treillis.

— Classique… Mais je vais venir sans arme… Si tu veux.

— Oui, ce serait une bonne chose. Thandwa et Zama seront là pour te protéger.

— Oui, je sais… J'ai totalement confiance dans leurs réflexes.

— Alors ce sera comme ça.

— J'arriverai avec un peu de retard, histoire de créer la surprise.

---

[50] En français dans le texte

Ils sont assis par terre, sur des coussins, dans une tente confortable et aérée, et attendent qu'on leur serve le repas. Le Commandant Séthi est soucieux, mais souriant. Malcolm reprend l'initiative de la conversation.

— Comme nous n'avons pas pu faire les courses dans la région, nos équipes ont préparé un mullah[51] avec de l'aseeda[52].

— Des plats soudanais qui ne me sont pas inconnus, je comprends. Et je vous en remercie.

Le militaire se tourne vers Danya :

— Merci aussi, mademoiselle. Vous êtes une ambassadrice de charme ! Votre convoi, monsieur Malcolm, est très bien organisé. Et contrairement à ce que les rumeurs font courir, il n'est pas composé que de Soudanais !

— Je crois que nous avons des délégations de toutes les tribus d'Afrique de l'Est que nous avons traversées, Commandant. Elles sont toutes à la recherche d'un peu…

— D'eau, oui je l'ai bien compris. C'est un véritable fléau, ce changement climatique. Le Nil s'envase, ici, à Assouan, et si le barrage a été construit pour entraver les crues, aujourd'hui il sert surtout à éviter la baisse du niveau de l'eau en aval. Les puits s'assèchent, ou se remplissent des sels des sous-sols. Nos paysans peinent à survivre.

— Qu'ils nous accompagnent : nous allons à Londres !

— C'est ce que j'ai cru comprendre.

— En passant, nous allons traverser l'Europe, et demander des solutions aux Occidentaux.

— En attendant, vous allez aussi passer par Le Caire, le Canal de Suez et Israël. Et ceci est très préoccupant.

— Je comprends, commandant, mais nous sommes pacifiques.

À ce moment, comme pour le contredire, Melkiory entre dans la tente et vient s'asseoir à la place encore libre, presque en face de l'égyptien.

— Ah ! Notre dernier invité : Commandant Séthi, je vous présente Melkiory, le chef de nos chasseurs. C'est aussi un

---

[51] Ragoût soudanais

[52] Type de polenta à base de farine de seigle, typiquement soudanaise, souvent servie pendant le ramadan, les mariages, et autres fêtes.

fervent défenseur de la faune, qui a enseigné à nos chasseurs à ne pas tirer sur n'importe quoi, et au contraire, de choisir leurs cibles en les respectant.

Séthi dévisage un instant son homologue, mais décide de jouer le jeu avec Malcolm.

— Le chef des « chasseurs »... J'ai entendu parler de vous... Vous ne trouverez plus beaucoup de viande de brousse en Égypte.

— Nous le savons, et voulons commercer et travailler en bon accord avec les populations locales, Commandant.

— Oui, c'est une excellente idée.

Il s'interrompt pour laisser des femmes en costume tribal servir le repas dans une grande marmite centrale. Séthi semble passer à autre chose et continue :

— Bon, j'en reviens à votre première étape : Le Caire. Votre... service de communication...

Et là, il dévisage Ethan, montrant qu'il est bien renseigné

— ... a fait du bon boulot : tout le monde est au courant de votre arrivée.

Malcolm évite un sourire et le moindre regard vers son compagnon. Leur... « situation » est réprimée, en Égypte, et ce n'est pas le moment d'en rajouter.

— Ce ne serait pas gênant si... des groupes factieux n'en profitaient pas pour tenter de soulever la population. Avec 21 millions d'habitants, Le Caire est une poudrière qui peut prendre feu à tout moment. Et vous êtes des boutefeux...

— Indépendamment de notre volonté, croyez-le bien.

— Je veux bien vous croire, mais vous êtes plusieurs millions à cheminer dans ce fichu désert et vous n'êtes pas les seuls à avoir soif. En passant par Le Caire, des millions de petites gens vont avoir envie de vous suivre jusqu'en Europe. Et, profitant de la situation, des milliers d'entre eux voudront s'arrêter en Israël, pour renforcer les Palestiniens. Nos indicateurs nous le rapportent tous. Or, l'armée israélienne ne fait pas de cadeau, et ils n'essaieront même pas de discuter avec vous : ils tirent d'abord, emprisonnent ensuite, et discutent éventuellement avec les survivants pour leur faire la leçon. L'Extrême Droite est au pouvoir là-bas depuis un bon bout de temps, et ils ont pris de mauvaises habitudes.

— Nous ne pouvons pas convoyer « Ceux de la Vague »
par bateau jusqu'à Londres…

— « Ceux de la Vague », hein ?

— Oui, c'est ainsi que nous nous nommons.

Séthi a un sourire en coin.

— Il y a trois « Vagues » en ce moment dans le monde.

Malcolm et Danya ouvrent de grands yeux…

— Une en Amérique du Sud qui va bientôt rejoindre le
Chili, une autre en Asie qui met une pagaille monstre, en ce
moment, en Iran, et vous.

— Nous ne savions pas…

— Aucune de ces trois « Vagues » n'a de connexion avec
les autres : les services secrets du monde entier vous suivent avec intérêt, et nous l'avons appris. J'ai bien vu, en traversant votre camp, votre caractère presque tribal. Alors,
j'hésite.

— Nous avons besoin d'eau, Commandant, de vivres et
de médicaments.

— Je le sais. Danya m'a aussi fait visiter votre… « hôpital » de campagne.

— Nous ne représentons que des populations victimes
du dérèglement climatique et de la soif de pouvoir de
quelques multinationales qui refusent de dépanner nos
usines de retraitement, ou qui spolient des terres ances-
trales, pour le sous-sol ou le tourisme.

— Je sais, et je compatis. Mais j'ai reçu des ordres stricts.

— Qui vont à l'encontre de nos besoins humanitaires.

— Vous êtes trente fois plus nombreux que le moindre
habitant d'Assouan ! Sept millions contre 250.000 ! Comment voulez-vous que nous vous nourrissions ? L'élevage
est limité, la pêche diminue d'année en année pour cause
de pollution.

— Nous nous sommes nourris de crocodiles, pendant
une période. Ils ont un goût entre le poisson et le buffle.

— Ils sont protégés, ici !

— Dans le Nil, mais pas en amont du barrage.

Séthi se lève brusquement, l'air contrarié.

— Mes hommes doivent être arrivés, à présent. Merci
pour ce repas, Malcolm. Je vous donne une réponse avant

la fin de la journée. Mais dans un sens ou dans un autre, préparez-vous à bouger.

Le ton est plus serein qu'au début de la matinée, mais s'il sourit à Danya, il a un léger temps d'arrêt en passant à côté de Melkiory.

Les tambours reprennent leurs chants.

Deux heures plus tard, une sentinelle avertit Malcolm de son retour. Cette fois-ci, il est seul à conduire sa jeep, et son escorte ne l'accompagne pas.

Séthi s'arrête à quelques mètres de Malcolm et descend précipitamment de son véhicule.

— Je voulais te dire, Malcolm…

La disparition du « monsieur » et le tutoiement sont des signes, mais lesquels ?

— Je suis obligé de repartir vers Le Caire. En urgence : je te disais ce matin que les groupes factieux tentaient un coup de force, et c'est arrivé plutôt que prévu. Une manifestation est partie vers Suez pour bloquer les ponts et le trafic a été réprimé. On compte déjà de nombreux morts. Une provocation, bien entendu. Les quinze millions de pauvres de la capitale, qui attendaient votre venue, se sont immédiatement ralliés à ceux qui crient au martyre. Quinze millions ! Autant que votre « Vague », peut-être… L'armée est débordée, quand elle n'a pas rejoint les insurgés. Je dois aller protéger le Canal aux points stratégiques : le « Pont des Martyres » est l'un des seuls passages routiers au-dessus du canal, et il ne doit pas être détruit. En partant maintenant, et en ayant des relais en chauffeur et en carburant, nous arriverons demain en fin de matinée : il y a 650 km de mauvaises routes.

Malcolm ne sait quoi dire, et il préfère continuer à l'écouter.

— Donc, je vous déconseille d'aller au Caire. C'est le chaos avec des combats armés, des pillages, des meurtres, des incendies. Allez directement à Suez et passez le Canal. Je devrais être sur place pour sécuriser votre venue, mais je ne garantis rien : nous sommes trois cents, contre une foule immense. Comme ici. Je repars immédiatement. Embrassez la petite Danya de ma part, qu'elle puisse vivre dans un pays où l'eau coule encore dans les fontaines !

— Je le ferais. Bonne chance, Commandant !

— Incha'Allah ![53] Bonne chance à vous.

Il redémarre en faisant crisser les roues de sa jeep qui soulève un nuage de poussière.

Malcolm se tourne vers les chefs venus aux nouvelles :

— Ce soir, conseil des chefs à 20.00 et départ demain matin pour Suez à 05.00. Organisez-vous, mais d'ici une heure, vous pourrez aller faire des courses à Assouan. Prévenez tout le monde : pas question de toucher aux monuments historiques et méfiez-vous des vendeurs d'antiquités.

1ᴱᴿᴱ Vague – Vicuña Mackenna – Argentine – 05/03 – Mois 5

— En avant, nous repartons !

Ignacio se rend compte que la Vague a bien changé, depuis leur séparation. Une grande majorité des marcheurs, dispersés dans la pampa par la murmuration, les ont rejoints, mais une foule immense est aussi arrivée de Buenos Aires, avec ses propres besoins, ses leaders charismatiques et un premier semblant d'organisation.

Il lève son grand bâton, symbole hérité de Joaquin, et commence à marcher vers le Chili.

Mélina et Alejandro, les médecins responsables du « Convoi des Anciens », ont heureusement symbolisé pendant un temps l'ordre qui régnait jusqu'alors dans la Vague. Les instituteurs – ils sont à présent une bonne trentaine, hommes et femmes – ont raconté l'histoire de Joaquin, et montré qui était Ignacio, ce qui l'a beaucoup aidé.

Derrière lui, Augustina, la veuve de Joaquin et ses enfants, et en troisième ligne, Micaela et une partie de ses éclaireurs se mettent aussi en route. En dépit de sa grossesse, qui commence à se voir, elle a tenu à être de cette relance, et elle rayonne de bonheur.

Le Chili est droit devant, au bout d'un dénivelé important qui va les obliger à passer la cordillère des Andes. Les

---

[53] « Si Dieu le veut ! »

militaires les ont prévenus : les Chiliens sont hostiles à leur arrivée.

Peu à peu, les marcheurs reprennent leur progression, et des chants s'élèvent ici et là des groupes et des villages qui ont suivi le rêve de Joaquin.

PARLEMENT EUROPÉEN – STRASBOURG – FRANCE – 06/03 – MOIS 5

(Extraits des interventions des députés.)

— La parole est à Monsieur le Député représentant du Groupe des Nationalistes.

— Merci Madame la Présidente. Je n'irais pas par quatre chemins : nous sommes en grand danger d'annihilation ! Les hordes barbares venues d'Asie se rapprochent : l'Iran est à feu et à sang ! (Hurlements à Droite.) Le Caire brûle et menace Israël ! (Hurlements à Droite.) Derrière ces deux… « Vagues », l'herbe ne repousse plus ! Nous revenons en arrière, au IVe siècle ! Les Huns arrivent ! (Hurlements à Droite, protestations à Gauche.) Nous devons décréter dès à présent l'état d'urgence dans toute l'Europe ! (Applaudissements à Droite.) Mobiliser les réservistes ! (Applaudissements à Droite.) Armer la population ! (Protestations à Gauche.) Il n'y a pas de temps à perdre avec des arguties soi-disant démocratiques : la démocratie mourra avec ces millions d'immigrés qui veulent déferler jusqu'en Angleterre ! D'ailleurs, que font les Anglais dans cette histoire ? (Cris dans l'Assemblée.) Rien ! Ils se cachent derrière la Manche et sont prêts à dynamiter le tunnel ferroviaire ! Ces hypocrites, comme toujours, se serviront de la viande française pour protéger leurs côtes[54] ! (Protestations à Gauche, hurlements à Droite.)

— Merci Monsieur le Député !

— Aux armes, citoyens ! (Protestations dans l'Assemblée.)

(La Présidente coupe le micro du Député.)

— Merci Monsieur le Député. La parole est à la représentante du groupe « Europe Insoumise ».

---

[54] En référence à une propagande nazie pendant la débâcle lors de la Seconde Guerre mondiale.

— Merci Madame la Présidente. Comme toujours, encore une fois, le Député de l'Extrême Droite joue sur la peur pour mieux vous influencer ! (Protestations à Droite.) Les Huns ? Une citation d'Hitler ? Le délire au pouvoir ! Oui, il y a deux Vagues, l'une composée de Ouïghours qui ont réussi à se sortir des griffes de la tyrannie chinoise ; l'autre, composée de tribus africaines qui cherchent de l'eau et des solutions au dérèglement climatique. Que l'Iran... Pardon : que les femmes iraniennes se révoltent et décident de se débarrasser de leurs geôliers, c'est autre chose, et c'est une bonne chose. Que des extrémistes religieux profitent de la situation pour mettre Le Caire à feu et à sang, c'est aussi autre chose qui n'est pas dû à la Vague qui est encore à des centaines de kilomètres du Canal de Suez. Vos amalgames, Monsieur le Député, sont honteux, répugnants et construits sur des contre-vérités. La Commission Parlementaire exception-nelle que j'ai demandée le mois dernier a conclu qu'il est possible de négocier avec les trois Vagues (Protestation à Droite.) Oui, Mesdames et Messieurs, y compris celle qui avance vers le Chili. Nous ne sommes pas des Chinois : en-voyons des émissaires et cherchons des compromis. (Rires à Droite.) Au total, nos services de renseignement nous par-lent de trente millions de migrants à nos frontières. (Brou-haha dans l'hémicycle.) En Argentine, ils sont au moins une dizaine de millions. Nous ne pouvons massacrer autant de gens sans qu'ils se défendent et massacrent les nôtres à leur tour. Je propose donc l'envoi de trois équipes de négo-ciateurs !

(Proposition acceptée à la majorité, l'Extrême Droite ayant voté contre ainsi qu'une partie de la Droite.)

3^E VAGUE – SUEZ – ÉGYPTE – 07/03 – MOIS 5

— Bonjour Malcolm !

— Bonjour Commandant Séthi ! Heureux de voir que vous avez survécu !

— Merci, j'en suis heureux, moi aussi. Je suis là pour vous escorter jusqu'au Pont des Martyrs.

— C'est possible ? Quelle est la situation ?

— Le Caire est à feu et à sang ! En fait, il est temps que vous arriviez : vous allez aspirer les mécontents !

— Et les terroristes ?

— Ceux-là, ils sont déjà passés de l'autre côté, au Sinaï. Au moins un million d'acharnés belliqueux qui ont rejoint les Palestiniens. Ensemble, ils se sont engagés dans les territoires et ont commencé des combats contre les Israéliens. On parle de massacres dans chaque camp.

— Et l'Égypte ?

— Hier, il y a eu des combats aériens. Des IAI Kfir C-12 israéliens, qui avaient passé la frontière, contre nos F-4E Phantom II et nos Mig 21. Des morts, des deux côtés jusqu'à ce que notre Président appelle directement le Premier ministre israélien et demande la cessation des hostilités : face aux terroristes, nous sommes alliés ! Les Israéliens ont accepté, et sont retournés derrière leurs lignes. Je ne sais pas si vous connaissez la situation, mais tous les Israéliens sont formés et armés à la guerre. Les combats en cours sur le terrain sont terribles. Toute la population y participe, des deux côtés.

— Et vous voulez que nous allions nous enfoncer dans ce bazar ? Nous avons des femmes et des enfants innocents, dans notre convoi.

— Oui, je sais. Pour l'instant, je vous propose de traverser le Canal, de vous installer de l'autre côté. J'ai demandé des citernes d'eau, de carburant, et des vivres. Ma requête a été approuvée sur la base de la possibilité d'alléger, sinon d'arrêter les émeutes du Caire. Les principaux fauteurs de troubles sont partis se battre contre Tsahal[55], et il reste de pauvres gens perdus et influençables. Nous allons les laisser partir, ils passeront les ponts, et nous bloquerons leur retour.

— Je vais en parler ce soir au Conseil des Chef. Pour ma part, je suis d'accord. Nous avons déjà résolu pas mal de problèmes de ce type depuis notre départ du Cap.

— Nous le savons, et nous apprécions. Nous ne sommes pas les seuls, d'ailleurs : une délégation européenne

---

[55] Acronyme de « *Tsva ha-Haganah le-Israël* » – Nom hébreu de « l'Armée de Défense d'Israël ».

cherche à vous contacter. Des officiels du Parlement européen.

— Nous les recevrons avec plaisir.

Danya arriva en courant et fit sourire Séthi.

— Danya ! Tu vas bien, petite ? Je suis content de te voir !

— Bonjour Commandant ! Je suis aussi contente de vous voir.

— Vous avez là une ambassadrice efficace, Malcolm.

— Je le sais, Commandant : c'est notre mascotte depuis le départ.

— D'accord : je vous attends au Pont des Martyrs. Je vous laisse quelques-uns de mes hommes – en civil – pour vous orienter.

— Merci Commandant, à bientôt.

L'accueil de la Vague en Iran est fantastique. Le peuple, libéré, accueille leur convoi comme des libérateurs. Les femmes, dévoilées et les cheveux libres, dansent dans la rue, ivres de leur victoire contre l'obscurantisme et les doctrines d'un autre temps. Seuls quelques immeubles incendiés, des trous noircis dans les chaussées, des véhicules détruits témoignent de l'âpreté des combats. Mais Téhéran est debout.

Moustac se sent un peu seul dans cette liesse générale. Il ne parle pas arabe, et ne comprend pas tout des discours de ses interlocutrices. De temps à autre, il se surprend à sourire : depuis leur départ de Chine, les femmes ont gagné leur indépendance, armes à la main. Beaucoup sont mortes, mais innombrables sont celles qui ont conquis le respect de leurs compagnons masculins. Nombre d'Iraniens ont précipitamment rasé leurs barbes, de peur de subir le couteau vengeur des femmes en colère. Cela se voit à la couleur de leurs mentons ou de leurs joues plus claires que le reste de leur visage. Les fanatiques de l'Islam rigoriste résistent encore, ici et là, et le convoi des familles a subi des attaques sporadiques depuis la frontière, mais rien qui n'ait pu se régler en moins d'une heure, avec l'aide des révoltées locales !

L'une d'entre elles a, visiblement, décidé que Moustac était une bonne personne et ne le quittait plus depuis quatre jours, depuis son passage de la frontière avec le convoi des familles. Elle s'appelle Anahita, et dans un anglais approximatif, elle lui a expliqué que c'était un prénom d'origine persane, et l'ancien nom d'une déesse de la fertilité, de la guérison et de la sagesse. Elle a au moins trente ans de moins que lui, mais le considère à présent comme son quasi-compagnon. Elle garde sa tente toutes les nuits, armée jusqu'aux dents d'une Kalashnikov et de couteaux redoutables, et se meut comme son ombre, provoquant le sourire complice de tous ceux qu'ils peuvent croiser. Et Moustac sent, nuit après nuit, que sa résolution faiblit : elle est belle, désirable, sensuelle et elle apaise ses tensions et son stress. Elle veut du bien au vieil homme qu'il est devenu, combats après combats. Le souvenir de sa première femme, morte depuis très longtemps, s'estompe devant le sourire et la détermination féroce d'Anahita. Quand le présent se bat contre les souvenirs du passé, même s'il reste des photos, il gagne toujours.

Le convoi a investi la région et ils sont à égalité avec les quinze millions d'habitants de la capitale. De fait, depuis longtemps, ils peuvent prendre une journée de repos, invités dans des maisons en dur et des lits plus confortables, à partager la victoire du peuple.

Erkin a fait passer le message : deux jours de repos, rendez-vous le 10 mars sur la route vers la Turquie, et départ à six heures ! Ils ne peuvent rester ici : outre le barrage de la langue, les Iraniens ont un pays à reconstruire, et ils n'ont pas besoin d'une intervention extérieure. La Turquie a un autre sens pour les Ouïghours.

Mais pas forcément pour Moustac, qui est mandchou.

— Moustac, viens !

Anahita lui prend la main et l'engage à la suivre. Dans un sabir mélangé, elle lui fait comprendre qu'elle a des cousins dans la vieille ville, qui veulent les recevoir et les héberger ce soir.

Le vieil homme hausse les épaules, et décide de lâcher prise : il lève la main de sa compagne vers ses lèvres et l'embrasse. Un geste qui déclenche chez elle un grand sourire heureux. Aujourd'hui est mieux qu'hier, et demain, nous verrons bien.

WASHINGTOWN – USA – 09/03 – MOIS 5

— Messieurs, merci d'avoir répondu à mon invitation. La situation est suffisamment instable pour que nous continuions nos discussions tripartites sans attendre.

— *Da !*

— *Oui, bonjour William.*

— Notre temps est compté, alors j'en viens au fait ! Pour commencer, Israël est en danger ! Alliés aux Palestiniens, les intégristes musulmans égyptiens ont lancé une offensive partout en Palestine, et c'est la guerre totale. Impossible d'intervenir, d'abord parce que les Israéliens veulent traiter le... « problème » tout seuls, et parce que tirer au hasard serait improductif. Derrière cette menace, la Troisième Vague se rassemble dans le Sinaï avec l'apport d'une bonne partie d'Égyptiens du Caire qui vont, selon nos statistiques et nos photos satellites, doubler les effectifs des « marcheurs », soit près de trente millions de pauvres prêts à se déverser sur l'Europe, puisqu'ils veulent tous « aller à Londres ». Nos amis britanniques font le dos rond, pour l'instant, mais je compte bien, si vous en êtes d'accord, les inviter lors de notre prochaine visio : ils doivent prendre parti !

— *Da !*

— *Oui, bien sûr. Ne pas avoir répondu à temps à ce besoin d'eau et de pièces détachées pour réparer ces usines de dessalement était une erreur stratégique fondamentale.*

— Oui, nous en reparlerons, mais pas ici. Nous devons à présent trouver des solutions. En deux, nous avons l'Iran, qui vient de se libérer des intégristes d'une manière très...

— *Oconchatelnyi !*

— Définitive, oui… Les Français ont inventé la guillotine, mais les Ouïghours et les Iraniennes ont renouvelé le concept…

— *La « grande omelette », oui…*

— En attendant, selon nos informations, la Deuxième Vague reprend la route demain avec pour objectif la Turquie.

— *J'ai eu le président Abdülhamid au téléphone hier : il prend cela comme une menace, une intrusion. Il considère que les Ouïghours sont avant tout Chinois et que leur origine turque est une illusion. Il mobilise ses troupes pour les porter à la frontière avec l'Iran.*

— Tu penses, Alex, qu'ils vont attaquer les premiers ?

— *Ils ont 450.000 hommes au total, dont 300.000 dans l'armée de terre. Face à quinze millions de Ouïghours, ils ne font pas le poids. Mais je crains qu'Abdülhamid ne se soit résolu à utiliser tous les moyens possibles pour les arrêter, chimique et biologique compris.*

— Ce serait catastrophique pour le monde… Il finirait par perdre de toute manière : les Ouïghours et les Mandchous ont mis à mal l'armée chinoise. Et même avec notre aide, c'est un sacré exploit. Je crois que nous avons encore besoin d'intervenir avant que cela dégénère.

— *De l'Iran, la Deuxième Vague peut passer directement en Turquie. Et la Troisième Vague arrive au travers de l'Irak qui ne leur opposera aucune résistance. Le pays est dévasté et « Ceux de la Vague » ont appris à gérer l'influence des groupes islamistes armés, depuis le Soudan et à présent, en Israël et en Palestine. Ils vont donc arriver presque ensemble en Turquie : quinze plus trente, cela fait quarante-cinq millions de migrants. Les Turcs sont pris en tenaille. La seconde Vague par l'est et la Troisième Vague par le Sud.*

— Quarante-cinq millions qui vont déferler sur l'Europe ! Que disent les autres pays ?

— *Ils ont peur… Ce ne sont pas les « murs » de quatre mètres de haut autour des pays isolationnistes qui vont arrêter les marcheurs. C'est tout juste de la propagande pour manipuler les foules. Le Parlement européen a décidé d'aller négocier et des contacts ont déjà été pris avec la Troisième Vague. Pour la deuxième, c'est prévu pour demain.*

— Qu'en penses-tu Vladimir ? Tu ne dis rien…

— *Da ! Je ne suis pas directement concerné, sauf par la Turquie. Elle ne fait toujours pas partie de l'Europe, et j'ai des accords commerciaux avec elle. Je vais essayer d'empêcher l'utilisation des armes non conventionnelles. Personne n'a intérêt à cela.*

— Non, personne. Merci Vladimir.

— *Je vais aussi voir avec l'Azerbaïdjan et la Géorgie s'ils ne sont pas prêts à recevoir un apport de population qui permettrait à leur économie d'être « uvelicila », boostée. Cela peut les intéresser.*

— Excellente idée ! Alex, si c'est confirmé, tu pourras passer l'information aux délégations européennes, pour qu'elles entrent ça dans vos négociations ?

— *Oui, bien sûr, mais j'attends confirmation.*

— *Da Alex ! Je m'en occupe aujourd'hui.*

— Il reste la question de la Troisième Vague qui veut aller en Angleterre, « chercher de l'eau ». Le noyau de base est constitué des délégations d'Afrique du Sud, mais depuis, la structure de leur mouvement s'est beaucoup modifiée… Et l'apport des millions d'Égyptiens n'arrange rien. Je crois qu'il va falloir traiter ces différences comme telles.

— *Vous imaginez des millions de fellahs[56] défiler sur les Champs-Élysées ? C'est ce que me hurlent dans les oreilles les leaders d'Extrême-Droite tous les jours. Ils sont impuissants, va-t'en guerre, jusqu'au-boutistes, et dangereux. Ça ne va jamais assez vite pour eux, et ils sont aussi paranoïaques que mégalomanes. Mes services secrets ont désamorcé cinq projets d'attentats d'Extrême-Droite dans les trois dernières semaines. Donc, même si nous négocions avec les Vagues, il y aura du chambard. Au fait, et toi, la Première Vague ?*

— Oh, pour l'instant, rien d'urgent. Buenos Aires s'est vidée à leur profit et, là aussi, l'économie argentine n'est pas prête à s'en remettre. Ils vont à pied, alors ils prennent leur temps : pour l'instant, ils se dirigent vers le Chili. La montée de la Cordillère n'est pas une sinécure, et l'armée chilienne les attend à Santiago. Mais ils sont des millions, et l'armée

---

56 Paysan égyptien

chilienne quelques centaines de milliers. Ils vont devoir négocier, eux aussi…

— *À suivre, donc ?*

— Oui, à suivre.

— Alors, Moustac, c'est décidé ?

— Oui, je reste ici.

— La belle Anahita y est pour quelque chose, je présume ?

Le fier guerrier se surprend à rougir comme un collégien
pris en faute.

— Oui, Arzu. Elle a des arguments… incontournables.

Erkin éclate de rire, et se voit infliger une bourrade de la
part de sa femme.

— Bon, tu as le droit de prendre ta retraite, Moustac. Tu
as raison : le combat qui arrive n'est pas de ton ressort.
Nous voulons retrouver nos racines et la paix, mais ce ne
sont pas tes racines.

— Je ne suis pas encore sénile, et je suis las des combats incessants. Anahita me propose un pays à reconstruire,
libéré des barbus intégristes. Je ne prends pas vraiment ma
retraite.

— Moustac, nous t'approuvons, et moi la première ! Je
vais parler à Anahita, voir si elle est digne de toi.

— Ne me fais pas trop mousser quand même : je veux
laisser le passé au passé.

— Tu ne pourras pas, et elle doit le comprendre. Tu as
vécu trop de batailles.

Erkin saute sur l'occasion.

— Nous venions te voir pour autre chose. Les Américains
nous ont prévenus que les Turcs nous préparent un accueil
dissuasif. Ils ne veulent pas de nous, et leur armée a pour
ordre de nous empêcher de passer.

— Que veux-tu de moi ?

— Pas que tu viennes avec nous, ce n'est pas ton combat, mais que tu nous conseilles.

— Je t'écoute.

— Les Iraniennes nous ont promis des armes légères : les armes lourdes ont été détruites par des missiles en provenance d'un peu partout. Les uns parlent des Américains, les autres des Russes, et les derniers des Français. Pas clair, tout ça, mais autour de nous, c'est le chaos. En face, l'armée turque dispose d'avions, de chars, d'artillerie, et d'armements non conventionnels comme les gaz ou les virus. Nous ne sommes pas équipés contre ça, et pas formés : très peu d'entre nous savent se servir d'un char. …

— C'est évident : nous avons eu de la chance que les Chinois ne les utilisent pas massivement contre nous.

— Oui, nous avons sans doute eu de la chance. Mais il y a plus : une Troisième Vague qui arrive au travers d'Israël… Ou tout du moins, ce qui reste d'Israël. Les Palestiniens se sont alliés avec des extrémistes égyptiens et affrontent l'armée et la population israéliennes. On annonce de nombreux morts de chaque côté, et surtout beaucoup de destruction. Tu suis ?

— Oui, bien sûr…

— La cerise sur le gâteau, c'est cette Troisième Vague qui arrive juste après : ils veulent aller à Londres. Pour cela, il leur faut entrer en Europe en passant par la Turquie et le Bosphore, à Istamboul.

— Ils sont combien ?

— Le double de nous…

— Oh… Cela va faire beaucoup de monde sur un petit territoire.

— Tu as tout compris. Les Américains ont estimé que les deux vagues dépasseraient les quarante-cinq à cinquante millions de personnes, femmes et enfants compris.

— Impressionnant… Et… Est-il possible d'essayer de négocier avec les Turcs ?

— Ils ont jeté nos émissaires en prison sans leur laisser le temps de nous contacter.

— Il y a quelques siècles, ils leur auraient coupé la tête…

— Appelons ça le progrès.

— La Troisième Vague arrivera quand ?

— Bonne question ! Elle doit encore traverser Israël, la Jordanie et la Syrie. Israël ne peut pas s'y opposer, la Jordanie ne voudra pas le faire, et la Syrie est en plein chaos.

Ils risquent, dans les trois pays, de récupérer des pauvres et des gens qui n'espèrent plus rien de leur région.

— Oui, mais tu as une estimation du temps nécessaire à cette traversée ?

— Il y a moins de six-cents kilomètres entre Tel-Aviv et la frontière turque, à Adana. En temps normal, sans les guerres civiles, une journée suffit. Mais ici, nous avons des millions de personnes à déplacer, et des pays en plein désordre, alors une semaine minimale serait une estimation plus juste.

— Et les Iraniennes peuvent attendre une semaine avant que nous leur laissions la place ?

— Pas sûr : elles ont pris le pouvoir, mais elles doivent le consolider.

Moustac réfléchit quelques instants, mais pour lui, les solutions tiennent de l'évidence.

— Plusieurs possibilités !

— Oui, nous t'écoutons : de tous, c'est toi qui as le plus d'expériences stratégiques.

— Premier cas, les Iraniennes ne nous laissent pas cette semaine, et nous détruisons la force turque immédiatement, par tous les moyens à notre disposition, comme nous l'avons fait avec l'APL à Harbin et au Col de Torugart.

— Harcèlement, commandos, destruction, avant le combat décisif ?

— Oui tout à fait ! Pour le second cas, elles nous accordent une semaine. Nous pouvons leur proposer de les aider à réduire les noyaux de résistance des mollahs qui sévissent encore dans les provinces. En passant, nous commençons à les former au combat et à reconstruire une force armée saine. Au bout de huit jours, la menace, pour les Turcs, de la Troisième Vague à leurs frontières sud affaiblira leur force à l'est. Et là, nous détruisons le « bouchon » et nous avançons jusqu'à Istamboul, laissant passer la Troisième Vague en Europe.

— Ça me plait bien !

— Mais ça ne dépend pas de nous à la base, Arzu.

— Je vais lancer dès à présent les négociations, nous devons savoir à quoi nous en tenir.

— Oui, que nous prévenions nos amis si nous partons ou non demain.

Arzu sourit et elle était resplendissante :

— Ah, Erkin… Je ne sais pas ce que va en penser Anahita, mais je m'occuperai bien de la partie… réduction des rebelles Mollahs !

Erkin rit de bon cœur :

— Je crois que tu devrais lui en parler d'abord avant de t'engager : elle n'est pas du genre à rester derrière à faire de bons petits plats à Moustac et à le regarder les manger…

Ils rirent tous les trois, mais Moustac prend alors conscience que les temps changent. Surtout en Iran où les femmes viennent de prendre le pouvoir. Surtout dans ce conflit et ces « Vagues » où les femmes ont toutes une place de responsabilité essentielle, déterminante.

Anahita est une combattante, une guerrière. Elle a « cassé des œufs » au début de cette révolution, retiré son hijab, et résisté à la pression des mœurs en vigueur dans son pays. La première à former au combat moderne, ce sera elle…

— Messieurs, Harry, Premier ministre anglais, vient de nous rejoindre.

— *Messieurs !*

— Nous sommes là pour faire le point entre nous de la situation créée par ces trois « vagues » qui bouleversent tout sur leur passage. William, sur la Première Vague ?

— *Pas grand-chose à dire pour l'instant, ils avancent à pied, à part que l'Argentine sombre dans la dépression économique et que le Chili suit le mouvement. Santiago a doublé sa population en attente qu'ils passent par là pour attraper la transaméricaine. Le sud du Chili est à l'arrêt, faute de travailleurs de base, et le nord frémit au ralenti.*

— Vladimir ? La Deuxième Vague ?

— *Les Iraniennes ont accepté qu'ils restent une semaine à Téhéran, le temps de réduire les poches de résistance au nouveau régime. Ce sont les Mandchous qui encadrent la Nouvelle Armée iranienne et assurent la destruction des mollahs restant, ainsi que les bases de la formation des Iraniennes au combat. Ils sont stoppés pour l'instant, mais des bruits circulent sur le fait qu'ils attendent l'arrivée de la Troisième Vague au sud de la Turquie.*

— Alors, pour ma part, la Troisième Vague… La délégation de parlementaires européens a rencontré leur leader, Malcolm, un instituteur sud-africain. Il semble assez dépassé par l'ampleur de son mouvement. Lui, il est déterminé à aller jusqu'à Londres !

— *Pas question !*

— Je te laisse la parole après, Harry. Les Égyptiens qui viennent d'arriver du Caire sont tout aussi déterminés à pousser jusqu'en Europe, mais pour d'autres raisons que le slogan central : « We need water ! We need it now ! Harambee ! », « Nous voulons de l'eau ! Nous la voulons maintenant ! Travaillons tous ensemble ! ». Ils cherchent du travail, de l'argent, et une vie meilleure !

— *C'est eux le vrai problème !*

— *À toi, Harry !*

— *Nous sommes en train de trouver des solutions pour l'eau, en Afrique du Sud.*

— *Harry, tu sais que ce n'est pas le seul problème : toute l'Afrique a soif !*

— *Oui, William, mais chaque chose en son temps !*

— C'est facile de dire ça, planqué derrière le Chanel !

— *Axel, tu perds ton sang-froid !*

— Non : j'ai plusieurs millions d'Égyptiens qui arrivent en Europe et des millions d'Africains qui ont soif et qui veulent passer à Londres !

— *J'espère, Axel, que tu ne les laisseras pas faire…*

— Et comment veux-tu que je les en empêche : à coup de bombe atomique ? Je tire où ? Au-dessus de la Turquie ? Istamboul rayé des cartes ? Tu es responsable de ce gâchis, pour avoir laissé trainer les choses avant qu'ils ne sortent d'Afrique. Résultats, Israël est quasi détruit, et ils sont aux portes de l'Europe.

— *Au fait, j'ai négocié avec l'Azerbaïdjan et la Géorgie, et ils sont d'accord pour accueillir des Ouzbeks et des Mandchous.*

— Tu aurais pu le dire plus tôt, Vladimir !

— Cela ne change pas grand-chose pour les Égyptiens.

— Non, c'est vrai… Mais c'est déjà un pas vers une solution. J'ai envoyé une délégation les prévenir.

— Messieurs, le Royaume-Uni ne peut recevoir autant de monde : je vous rappelle que nous sommes une île. Nos frontières ne sont pas extensibles, comme celles de l'Europe. Si la Turquie disparaît en tant que force, vous allez être mal… Notre économie…

— Ton économie, comme la nôtre, risque de s'effondrer ! Il faudra beaucoup de temps pour absorber autant de main-d'œuvre. Nous risquons la guerre civile ! Alors, du temps, nous n'en avons pas ! Ce dont nous avons besoin, ce sont des réponses, et rapidement !

— Voilà Malcolm, c'est tout ce que je peux faire. Pour vous éviter Israël, nous avons négocié avec le roi de Jordanie. L'armée jordanienne va vous escorter jusqu'à Amman, c'est à 340 km vers le nord. Ils ont prévu de vous ravitailler en eau, carburants et vivres. Vous y serez tous demain. De là, vous pourrez aller jusqu'à Damas, en Syrie avant de rejoindre Adama en Turquie. Vous devriez y être dans quatre ou cinq jours. Prenez soin de vous : la Syrie est un pays dangereux, et les Turcs ne vont pas apprécier votre arrivée.

— Merci Séthi, pour tout ce que tu as fait pour nous. Ces camions-citernes vont bien nous aider, pour l'eau comme pour le carburant.

— Ce n'est pas grand-chose ! Dis simplement au revoir de ma part à la petite Danya.

— D'accord, Séthi ! Que Dieu soit avec toi !

— Incha'Allah ! Bonne route et j'espère que votre quête va aboutir : les Anglais et les autres colonisateurs ont fait trop de mal à l'Afrique ! « We need water ! We need it now ! Harambee ! »

— « We need water ! We need it now ! Harambee ! »

(Journal télévisé – Extrait.)

— ... (Gros plan sur le présentateur :) Nous en venons à la situation au Moyen-Orient. Israël résiste à l'offensive palestinienne (photos de combats dans un petit village), mais la guerre civile fait rage et les Palestiniens reprennent peu à peu possession des Territoires Occupés (photos de drapeaux palestiniens brandis sur des bâtiments officiels israéliens.)

La Troisième Vague que chacun craignait au sud a contourné le problème par la Jordanie, évitant ainsi l'amplification des combats et la destruction complète d'Israël.

Le Roi de Jordanie a assuré qu'il empêcherait la « contagion » de s'étendre à son pays, mais il est confronté à une terrible hémorragie de travailleurs, de petits paysans qui rejoignent la Vague (vidéo du convoi de la Troisième Vague et bande sonore reprenant le slogan « We need water ! We need it now ! Harambee ! » avec sous-titrage en français.) Le convoi devrait atteindre les frontières de la Turquie dans deux jours.

À ce sujet, l'armée turque (photos des lignes armées à la frontière) est toujours positionnée à l'est pour bloquer l'avancée de la Deuxième Vague qui concentre ses propres forces à Ourmia en Iran (carte.)

Le président turc, Abdülhamid (photo), a officiellement demandé l'aide de l'Europe qui rechigne à la lui apporter : la position turque ambigüe depuis des années n'a toujours pas réconcilié la Turquie et l'Europe.

Nous avons appris que Vladimir (photo), le président de la Fédération de Russie, est intervenu, sans succès. La Turquie risque, dans les jours prochains, de subir de plein fouet l'arrivée de la Deuxième et la Troisième Vague d'immigration massive. Plus de quarante-cinq millions de migrants sont attendus en même temps (différentes vidéos.)

Au parlement européen (photo), les groupes d'Extrême Droite réclament toujours l'utilisation d'armes de destruction massive pour éviter l'effondrement des économies européennes. Au contraire, les patronats des différents pays se disent d'accord pour absorber les nouveaux arrivants, alors que les syndicats craignent surtout une baisse immédiate des salaires.

L'Angleterre (photo de Londres), qui est directement visée par la Troisième Vague, est profondément divisée. Le Roi a demandé des négociations pendant que le Premier ministre campe sur ses positions de blocages (vidéo muette d'une violente dispute entre les deux hommes).

Le Président américain William (photo) est intervenu en vain pour faire fléchir le Premier ministre. Les Américains sont préoccupés de la dégradation de la stabilité européenne, mais sont confrontés eux aussi à la Première Vague qui se dirige vers New York via le Chili qu'ils vont atteindre dans les semaines à venir (vidéo des marcheurs avec en toile de fond la Cordillère des Andes.)

(Retour en gros plan sur le présentateur inquiet :) Nous vous tiendrons informés de l'évolution de la situation.

2ᴱ VAGUE – OURMIA – IRAN – 14/03 – MOIS 6

À 1.330 mètres d'altitude, la ville d'Ourmia respire la santé et l'énergie. Les guerriers ouïghours, comme partout en Iran, se sont vus accueillir en vainqueur, et le million deux cent mille habitants les hébergent sans complexe sur tout le pourtour de la ville. Sa proximité de la frontière turque, à moins de cent kilomètres, a décidé les stratèges ouïghours en dépit des risques qu'ils font courir à la population. Les bruits les plus divers circulent dans la ville, et quelques « espions » turcs ont été massacrés avant que les Ouïghours fassent savoir qu'ils offraient une récompense pour toute capture *vivante*. Plus de deux millions de fantassins ouïghours sont rassemblés dans l'attente de la confrontation avec l'armée turque, si les négociations échouent.

Mais Arzu et Erkin ne sont pas de ceux qui « attendent ». Ils ont rassemblé une centaine d'éclaireurs – hommes et femmes – et c'est à eux qu'Arzu s'adresse :

— … les Turcs ont peur, alors, n'attendez rien d'eux. Ils vous tueront sans état-d'âme. Donc, vous pouvez dire non, et sortir de cette salle, et personne ne vous en voudra.

Elle patiente un instant suffisamment long pour les mettre mal à l'aise, mais personne ne bouge d'un cil.

— Personne ne veut sortir ? Merci à vous. Alors, très concrètement… Je passe la parole à Erkin.

— Nous allons vous équiper pour la montagne. Votre mission, ce sera de harceler les troupes turques. Comme Arzu vous le disait, elles ont peur, et nous devons entretenir cette peur. À partir de cet après-midi, nos ingénieurs vont brouiller leurs radars et nos hackers vont contaminer leurs ordinateurs. Ils vont être déstabilisés et cela va renforcer leur paranoïa, d'autant plus que nous allons aussi nous entraîner dans les valons qui mènent au col frontière. Un peu de cinéma, pour les garder sous tension. Ils nous y attendent, mais vous attaquerez par-derrière. Faites sauter des camions, des munitions, des voitures, des casernements. Tuez des sentinelles, des soldats isolés, des officiers, surtout des officiers. Un peu au hasard et silencieusement, si possible. Un secteur va être désigné pour chacun d'entre vous, pour que vous ne vous marchiez pas sur les pieds.

Il les regarde un à un, et aucun regard ne se dérobe.

Au bout d'un instant, il reprend la parole.

— Arzu a raison : ne vous faites pas prendre, sauvez votre vie. Un radar de proximité brouillé c'est une chose, mais cela ne brouille pas la vue d'une sentinelle équipée de jumelles. Partez cet après-midi, et dès cette nuit, vous pourrez agir. Bougez, agissez, bougez. Et si vous êtes repérés, revenez vivants ! Nous lancerons notre offensive dès l'arrivée de la Troisième Vague dans le Sud de la Turquie. Les soldats stationnés ici seront trop contents de partir vers le sud et d'échapper à vos harcèlements. Quand arrivera la Troisième Vague ? Nous n'en savons rien… Mais c'est le message à faire passer si vous êtes capturés. Résistez un minimum pour donner le change, et racontez que la seule chose que vous savez, c'est ça ! Et que nous sommes des millions à avoir battu l'armée chinoise. Si tout se passe bien, nous viendrons vous délivrer plus vite que les Turcs ne pourront vous évacuer.

Des sourires éclairent les visages sérieux et tendus.

Il laisse encore passer un temps :

— Si tout se passe bien, Incha'Allah, cette bataille sera la clé qui nous donnera accès à Ankara où nous retrouverons nos cousins et sans doute un peu de paix.

— Merci Gouverneur, et remerciez le Roi de notre part. Nous avons pris un peu de retard sur notre planning, mais les ravitaillements sont terminés.

— Nous sommes heureux, Monsieur Malcolm, de vous avoir aidé alors que nos voisins sont en pleine guerre. Nous avons pris contact avec les autorités syriennes. Elles vous attendent à Damas demain midi. Faites attention, les terroristes sont agressifs, en Syrie. Comme vous êtes très médiatiques, ils risquent d'essayer de se servir de vous pour se faire de la publicité. C'est pour ça que notre armée va vous accompagner jusqu'à la frontière. C'est une zone dangereuse pour les étrangers. Si vous pouviez faire passer le message, nous allons bloquer la route à partir de sept heures demain matin. Les chauffeurs, ici, conduisent trop mal.

— Merci Gouverneur. Nous avons de quoi nous défendre.

— Vous en aurez surtout besoin entre la frontière et Damas.

— Je vais prévenir mes équipes.

— Alors, Malcolm, Incha'Allah, vous y arriverez. Expliquez, à Londres, que nous aussi, nous avons besoin d'eau, maintenant !

— Dieu vous aide aussi, Gouverneur !

C'est Hafez en personne, Président de la République Arabe Syrienne, qui les accueille à Damas. L'homme est grand, tout en bras et jambes, souriant, mais Malcolm connaît un peu son histoire, et pense à ses méthodes « musclées » héritées de son père et son grand-père. Le personnage a récolté aussi les mauvaises manières hypocrites de ses prédécesseurs, et ne lui attire aucune sympathie.

Le voyage depuis la frontière a été mouvementé, et les miliciens de Melkiory ont repoussé plusieurs attaques de rebelles islamistes qui ont blessé plus ou moins sérieusement une dizaine de marcheurs de la Vague. Des paysans leur ont aussi indiqué des passages minés sur la route qu'ils ont fait sauter ou qu'ils ont contournés.

L'armée syrienne n'était nulle part. Elle a commencé à se manifester dans les faubourgs de Damas, sous la forme de patrouilles mobiles de blindés légers.

— Bienvenue à vous, Monsieur Malcolm.

— Monsieur le Président !

— J'ai appris que vous avez été attaqué sur votre parcours ?

— Cinq fois en deux cents kilomètres, et trois passages minés.

— J'ai demandé à mes médecins de venir voir vos blessés.

— Merci Monsieur le Président.

— Mes équipes s'occupent aussi de vous ravitailler.

Le palais était étincelant et contrastait avec l'état de la ville et du pays : la guerre civile se rappelait un peu partout à l'œil du visiteur. Elle durait depuis l'ère du père de l'actuel président, et ne semblait pas vouloir s'éteindre. À moins que, comme à son habitude, la Vague « aspirant » à elle une bonne partie de la population misérable de la ville, elle s'assèche faute de combattants.

— Nous apprécions votre hospitalité, Monsieur le Président, mais aimerions pouvoir reparti au plus vite : notre multitude est une charge pour votre pays.

— Je tenais à vous recevoir pour vous mettre en garde sur la suite des évènements. Selon mes sources, les attaques que vous avez subies sont du fait de groupuscules terroristes financés de l'étranger, et notamment par la Turquie. La frontière turque n'est qu'à trois cent cinquante kilomètres d'ici, en passant par Alep, mais l'armée turque vous attend à Kilis, de l'autre côté de la frontière, pour vous empêcher de passer. Je crains que vos… miliciens ne fassent pas le poids… Et moi, je ne veux pas la franchir, cette frontière.

— Je comprends cela, Monsieur le Président. Nous allons tenter de négocier. Nous ne souhaitons pas nous arrêter en Turquie.

— Oui… Vous voulez aller à Londres… Nous avons entendu parler de votre quête de l'eau et c'est une noble croisade… Un peu…

— Utopique ?

— Oui, c'est cela : utopique. Les Européens ne vous voient pas d'un bon œil, et vous risquez de rencontrer beaucoup de résistance.

— Comme vous l'avez dit, notre quête est noble, et nous sommes une multitude. Il y a urgence. Ce sont des enfants qui ont lancé notre marche vers Londres, il y a seulement quelques mois. Ils ont soif, ils veulent un avenir à la hauteur de leurs ambitions, et ils nous ont tous entraînés dans leur sillage.

— Vous savez qu'il y a trois Vagues en marche dans le monde ?

— Oui : les journalistes nous appellent la Troisième Vague.

— Oui, et vous arrivez au même endroit au même moment avec la Deuxième Vague, des Ouïghours chassés de Chine. Vous êtes près de cinquante millions à présent, selon les estimations des satellites américains, à converger vers Ankara et Istamboul. Sur votre passage, les économies des différents pays que vous avez traversés se sont effondrées.

— Sans que nous n'ayons rien fait pour cela.

— Les idées ont des puissances propres à réécrire l'histoire, vous savez ? Et les vôtres sont d'une actualité criante. L'Égypte est à bout de souffle, Israël va devoir composer avec les Palestiniens, l'Iran a changé de cap. Une bonne moitié de l'Afrique suis votre progression et veut vous aider. L'Europe vous craint et veut négocier, même ces fichus Anglais. Tout cela par-dessus les religions, les langues, les coutumes, les traditions… Vous êtes un révolutionnaire, Monsieur Malcolm, pour les dirigeants des pays que vous traversez.

— Je fais juste partie de « Ceux de la Vague », Monsieur le Président, modestement.

— Votre arrivée en Turquie va encore bouleverser les cartes, et nous verrons si vous devez, ou si, simplement, vous *pouvez* rester « modeste ». Mon armée va vous accompagner jusqu'à Alep, Monsieur Malcolm. Je vais vous donner des armes. Mais après, je ne peux plus rien pour vous : je ne peux approcher trop près de la frontière avec une force d'intervention sans provoquer quelques… remous indésirables. Mon pays a besoin de calme.

— Je comprends, Monsieur le Président, et je vous remercie de nous avoir consacré un peu de temps.

— Que Dieu vous aide, Monsieur Malcolm ! Vous mettez une sacrée pagaille dans nos mondes, mais je ne peux m'empêcher de vous envier un peu : nous aussi, nous avons soif ! Nous aussi, nous voulons trouver des solutions pour assurer l'avenir de nos enfants.

2ᴇ Vague – Ourmia – Iran – 15/03 – Mois 6

— Erkin, mon mari, j'ai de bonnes nouvelles de mes éclaireurs.

— Arzu, mon épouse, dis-moi.

— Il y a trois informations. En premier, les Turcs ont vraiment peur de nous, à présent. Nos éclaireurs ont fait du bon travail et les officiers ont retiré leurs épaulettes pour éviter de tomber sous les balles de nos snipers. La deuxième nouvelle, c'est ce qu'ils viennent de me dire ce matin : la résistance intérieure turque nous accompagne. Des combattants, des opposants à la dictature, plus ou moins armés, et clandestins. Ils ne sont pas très populaires, en Turquie, la population soutient inconditionnellement le président, mais ils sont prêts à rejoindre nos rangs derrière les lignes de l'armée turque. Notre cause commence à se savoir, et les villageois n'approuvent pas l'armée.

— La troisième nouvelle ?

— Ce que nous prévoyions commence à se réaliser : une partie des effectifs, devant nous, se redéploie vers le sud contre la Troisième Vague.

— Alors il est temps de marcher !

Erkin appelle ses adjoints :

— En avant, selon le plan prévu : des unités de chocs ! Vous forcez le passage, vous faites le maximum de prisonniers, vous récupérez un maximum d'équipements, et vous les relâchez sans armes sur la route de leur maison. Vous, vous foncez sans vous arrêter vers Yüksekova. C'est la première grande ville, à quatre-vingts kilomètres de la frontière. Qu'un groupe pousse plus loin en éclaireur sur la route d'Ankara, pour éviter un piège, mais que les autres se noient dans la ville, sans faire d'exaction. Ils cherchent de l'eau pour boire, de la nourriture pour manger, mais ils disent bien qu'ils ne font que passer vers Ankara. Là nous ferons le point, et nous verrons où en est la Troisième Vague. Si nous pouvons joindre nos forces, ce sera le signe que nous pouvons réussir, Incha'Allah !

3ᴱ Vague – Alep – Syrie – 15/03 – Mois 6

— Malcolm, ce que nous craignions est arrivé !

— Melkiory ? Oh, tu m'as surpris… Les Turcs nous refusent le passage ?

— Non seulement ils nous refusent le passage, mais ils ont tué les deux émissaires que nous avions envoyés sous drapeau blanc. Ils n'ont pas discuté un instant. Ils ont tiré pour tuer.

— Un meurtre, pur et simple. Ethan, nous avons besoin des journalistes : ils doivent faire connaître cette tragédie au monde entier !

— J'ai un film de toute la scène, je te l'envoie.

— Merci, Melkiory, cela va nous être utile, bien entendu. Je m'en occupe tout de suite.

— Bon, Melkiory, de combien d'hommes disposes-tu ?

— Un millier, peut-être trois fois plus si nous ajoutons les forces égyptiennes et quatre à cinq fois plus si nous ajoutons les rebelles qui nous accompagnent depuis la Palestine et la Syrie. Mais ce sont des types violents et indisciplinés. Pas sûr que mes gars puissent les contrôler…

— Il faut essayer. Tu crois qu'il est possible de bousculer les Turcs ?

— Oui, mais nous manquons de munitions et d'armes lourdes. L'armée turque dispose de tout, de l'artillerie à l'aviation.

— Je ne suis pas une foudre de guerre, tu sais, mais si nous attaquons de front, nous allons perdre. Ils ont fait les premiers morts, et c'est inacceptable. S'ils possèdent les armes qui nous manquent, allons les chercher chez eux.

— Oui… Je crois que je peux mobiliser les combattants, les emmener sur la frontière d'ici ce soir, et nous serons opérationnels cette nuit.

— De petites équipes…

— Si les Turcs ne disposent pas de détecteurs de présence et d'infrarouges, ce sera possible.

— Et dans le cas contraire ?

— Nous serons tous morts.

— Oh…

— Je devrai trouver des solutions d'ici ce soir.

— Je vais demander à nos informaticiens s'ils sont capables de faire quelque chose… Une contre-batterie de mesures électroniques serait la bienvenue.

— Mais à défaut, une fusée éclairante ou un feu d'artifice peut faire l'affaire.

— On devrait trouver ça à Alep. C'est une grande ville. Elle est sinistrée, mais il y a toujours de la place pour un peu de festivités. J'envoie une équipe à sa recherche.

— Je m'occupe des combattants.

— Dernière chose, renvoie ici les dépouilles de nos deux éclaireurs, que nous puissions les enterrer convenablement.

— Oui, j'y avais pensé, et ils sont en route.

— Sais-tu de quelle religion ils étaient ?

— Non, aucune idée… Je vais essayer de me renseigner.

— Sinon, nous trouverons bien une façon de faire : les religions ne nous ont pas beaucoup aidés, depuis notre départ de Cape Town.

— Dieu, sans aucun doute, mais pas les religions !

— Les tambours et les anciens auront bien des idées à nous soumettre. Je vais les mettre à contribution.

PARIS – FRANCE – 16/03 – MOIS 6

(Journal télévisé – Extrait.)

— … (Gros plan sur la présentatrice :) Mesdames et messieurs bonjour, l'actualité s'ouvre aujourd'hui sur les combats qui ont commencé à l'est et au sud de la Turquie (images vidéo de combats, de prisonniers turcs, de morts – floutés – gisant sur le sol).

— … L'intransigeance du Président turc (photo) qui a repoussé toute possibilité de négociation a provoqué la mort des émissaires de la Troisième Vague. À l'est, les Ouïghours ont bousculé les troupes turques démoralisées par le harcèlement des commandos (vidéos de lignes de prisonniers turcs – floutés – encadrés par des commandos). Au sud, elles résistent encore. Cependant, des forces armées, hétéroclites, mais déterminées à venger leurs amis tués alors qu'ils arboraient un drapeau blanc, les encerclent. Selon nos renseignements, il semble que des rebelles turcs aient rejoint les bandes armées égyptiennes (photos).

— … Les communiqués de presse de la Troisième Vague rappellent le caractère humanitaire et non violent du mouvement (gros plan sur Malcolm). « Nous sommes réunis sous un seul mot d'ordre : de l'eau, maintenant, travaillons ensemble ! (Vues du convoi.) Nous sommes pacifiques ! Des millions d'entre nous ne sont pas armés, et le président turc nous a tirés dessus, tuant deux de nos amis sous drapeau blanc ! Regardez ! (Vidéo montrant les soldats turcs tuant les émissaires – retour en gros plan sur Malcolm.) C'est un crime, un crime contre l'humanité. J'appelle les démocrates, les pacifistes, les croyants de toutes religions, et tous ceux qui veulent changer ce monde injuste à nous rejoindre ! »

— … Pendant ce temps, le Premier ministre anglais, Harry, a déclaré que « si les hordes d'immigrations passent le Bosphore, nous inonderons le Chanel : ils ne traverseront pas jusqu'à nous ! » Une déclaration qui a déclenché en retour les protestations du Président français qui dénonce « l'intransigeance meurtrière britannique ».

Paris – France – 17/03 – Mois 6

(Journal télévisé – Extrait.)
— … (vidéo de combats – gros plan sur le présentateur :) Mesdames et messieurs, bonjour ! La situation en Turquie évolue très vite : venus de Grèce et d'Albanie, des sympathisants (photos) ont répondu à l'appel de Malcolm diffusé hier et envahi l'ouest de la Turquie pour déferler sur Istamboul (photos) ou les combats de rue font rage entre

l'armée régulière et les partisans d'un nouveau régime plus démocratique.

À l'est (carte), les Ouïghours ont totalement repoussé l'armée turque pour descendre vers le sud-ouest et rejoindre la Troisième Vague qui fait elle-même une percée vers le nord. Pour ajouter à la confusion, l'armée grecque a pris l'offensive à Chypre (carte, photo, vidéo) pour reprendre le nord de l'île, occupé depuis 1974 par l'armée turque.

PARIS – FRANCE – 18/03 – MOIS 6

(Journal télévisé – Extrait.)

— ... Sur le plan des combats en Turquie (photos), le régime du président Abdülhamid est lâché par l'Europe (vidéo muette des débats au Parlement) qui préfère discuter avec les deux Vagues plutôt que de risquer un affrontement que la Turquie est en train de perdre. (Gros plan sur le visage grave du présentateur.)

Des manifestations ont lieu dans les principales villes de Turquie (vidéos muettes) dont la population semble soutenir les immigrants. Selon les prévisionnistes, les deux Vagues vont se rejoindre d'ici demain à Gaziantep (photos de la ville), une célèbre ville touristique de deux millions d'habitants. Le maire (vidéo muette) a déclaré, d'ores et déjà sa ville « ouverte » aux « Vagues », et demandé à l'armée de se retirer pour éviter toute destruction des nombreux monuments historiques.

— ... À Chypre, l'armée turque stationnée au nord s'est rendue à l'armée grecque qui a rétabli sa souveraineté sur l'ensemble de l'île. La communauté internationale salue ce retour à une « situation normale » (reportage sur place de militaires grecs agitant des drapeaux sur les casernements turcs).

PARIS – FRANCE – 19/03 – MOIS 6

(Journal télévisé – Extrait.)

— ... (gros plan sur la présentatrice, le visage inquiet.) Nous venons d'apprendre la fuite à l'étranger du président turc Abdülhamid. Un avion chinois est venu le prendre avec sa famille et ses proches collaborateurs, à l'aéroport international d'Ankara (vidéo floue, de nuit, et de loin, de personnages indistincts montant dans un avion de ligne chinois.)

— … Les deux Vagues se sont rejointes à Gaziantep, comme prévu, et nous voyons ici (vidéo de loin de personnages entourés de commandos en protection, sous les flashs et les cris des photographes et cadreurs) les leaders des deux formations se saluer et se parler. Au total, les experts estiment ce rassemblement à plus de quarante-cinq millions de personnes… Quarante-cinq millions ! La planète n'a jamais connu ça ! Une conférence de presse est annoncée pour demain treize heures, heure locale.

GAZIANTEP – TURQUIE – 20/03 – MOIS 6

Malcolm, Ethan et Danya avaient rencontré la veille, pour la première fois, Arzu et Erkin, les leaders de la Deuxième Vague.

Lui, Malcolm, se sent un peu dépassé par les évènements, harcelé par la presse du monde entier, et horrifié par les batailles des jours précédents. Il est, lui, un pacifiste convaincu, et rien ne l'a préparé à ces combats.

La petite Danya a le regard dans le vague. Ses parents lui ont évité les scènes les plus traumatisantes, mais les morts s'étaient accumulés et le bruit des obus turcs n'avait pas été couvert par le bruit des tambours. Elle pleure en continu, n'arrivant pas à arrêter ses larmes, mais tient fermement Malcolm et Ethan par la main.

Melkiory est un peu en retrait, blessé à l'épaule par un éclat d'obus qui le fait souffrir, le regard fatigué, mais fier d'avoir tenu tête à l'une des plus grosses armées du monde, à l'égal de ses nouveaux frères d'armes ouïghours.

Arzu et Erkin se tiennent aussi par la main, comme des amoureux en paix avec l'univers.

Ils ont immédiatement adopté la petite, et elle en retour, ce qui a fait sourire Malcolm et Ethan. Ils se sentent tous bien et en paix, pour la première fois depuis trop longtemps.

Hors Danya, qui dormait sur les genoux d'Arzu, ils avaient discuté une bonne partie de la nuit de ce qu'ils allaient dire à la conférence de presse. Plus de six cents journalistes du monde entier s'y étaient inscrits – ils arrivaient en ce moment même par l'aéroport international – et ils savaient tous que cela allait être un moment capital, essentiel, unique. La discussion avait été compliquée par les efforts de traductions nécessaires, mais ils avaient trouvé rapidement un terrain d'entente.

Ils ont investi un gymnase assez grand pour réunir et accueillir les journalistes, les télévisions et les radios. Le maire de la ville a mobilisé ses équipes dans la nuit pour cela, un peu débordé par les demandes en électricité et en connexion internet des professionnels frustrés par le manque d'équipements préinstallés.

Dans l'immédiat, le notable, qui accuse la fatigue des dernières 24 heures, les invite à se préparer à l'épreuve par un thé traditionnel à la manière des Caravansérails de la route de la Soie. Des coussins moelleux, une table basse et des théières, et un énorme plateau central qui leur offre des loukoums[57], des cevizli sucuks[58] de la région et des baklavas[59] de toutes formes. Des gourmandises qui font retrouver le sourire à Danya, ce qui rassure l'édile.

— Je crois qu'il est temps que nous y allions.
Le thé, pris sur les coussins confortables, est rassurant, mais l'heure avance vers la confrontation avec les journalistes.
Melkiory a pris en charge la sécurité, et imposé des mesures draconiennes, avec plusieurs cordons de sécurité et des fouilles au corps pour chaque personne qui approche du gymnase. Une équipe de Ouïghours est postée sur les toits alentour avec les restes des missiles sol-air dont ils disposent, et des mitrailleuses lourdes si cela ne suffisait pas.

---

[57] Confiserie molle et douce à base de miel
[58] Confiserie à base de noix enrobées de sirop de raisin.
[59] Dessert croustillant et sucré à base de pâte youfka (filo) et de différents fruits secs.

L'ensemble est impressionnant, mais reste à l'extérieur du bâtiment. À l'intérieur, la garde rapprochée est plus discrète, mais armée jusqu'aux dents.

— Danya, tu te rappelles ce que tu dois dire ?
— Oui, Malcolm. Je peux encore reprendre des loukoums ?
— Je crois que tu en as mangé beaucoup trop déjà et tu risques d'avoir mal au ventre, petite gourmande ! Après la conférence de presse.
— Je dois aller faire pipi, avant !
— Fonce ! Nous t'attendons !

La gamine a retrouvé le sourire, et cela réchauffe le cœur de Malcolm. Elle mettra du temps à digérer la violence qu'elle a subie, mais son jeune âge lui donne une joie de vivre incomparable.

La foule des journalistes est impressionnante. Les flashs font reculer Danya un instant, mais elle se redresse et avance fièrement aux côtés de ses quatre amis.
C'est Malcolm qui prend la parole quand le brouhaha cesse un peu.
— Mesdames, messieurs, je vous remercie, au nom de « Ceux de la Vague » d'être présent si nombreux. Je vais laisser mes amis vous raconter notre voyage, et puis nous répondrons à vos questions. Nous avons des traducteurs, alors merci encore d'être patients. Nous venons de loin, et nous venons de subir une agression sans pareille. Gaziantep nous a bien accueillis, avec une tradition millénaire. Pour la « petite histoire », j'ai appris que « gazi », en turc, veut dire « blessé de guerre ». Oui, nous avons été agressés, par le Président turc. Oui, nous avons de nombreux blessés et de nombreux morts que nous allons enterrer ici, à Gaziantep. Oui, nous ne les oublierons pas. Mais je souhaite rester optimiste, et positif, et je vais pour cela laisser la parole à Danya, notre benjamine : c'est elle qui a lancé la Troisième Vague vers Londres ! Après elle, Arzu et Erkin vous expliqueront comment est née la Deuxième Vague. Et pour finir, je voudrais profiter ici du fait que vous venez du monde

entier pour saluer la Première Vague qui marche vers Santiago du Chili. Trois Vagues qui se conjuguent pour bousculer les préjugés, les habitudes, et demander des comptes aux exploiteurs, aux pilleurs de richesses, aux tyrans. En six mois, nous avons remis le monde sur des rails plus humaines, plus justes, plus équilibrées entre le sud et le nord. Entre les pauvres et les riches, entre l'humanité et les extrêmement riches qui sucent et détruisent la vie partout sur Terre. Ils assèchent la vie, ils polluent, et ils chauffent le climat pour quelques profits absurdes. Ce sont eux que nous combattons, pacifiquement, et non les peuples. Les peuples, ils sont avec nous, dans la Vague ! À présent, je laisse la parole à Danya.

Le silence est total, dans la salle, hors le crépitement discret des appareils photo numériques. Mais un applaudissement timide commence, repris par des centaines de mains pourtant censées être neutres. C'est un moment historique, et tous les présents le savent.

La petite s'avance, et attend la fin des applaudissements.

— Bonjour, je suis Danya. Un matin, il y a six mois, je voulais prendre un peu d'eau au robinet, mais il n'y en avait plus…

— … Et puis j'ai rencontré le président de l'Afrique du Sud. Lawrence qu'il s'appelle. Il est grand et finalement, il est gentil…

— … Dans la savane, j'ai vu des animaux sauvages… Ils étaient libres, et moi aussi je voulais être libre… J'ai vu des volcans, et des lacs d'eau salée pleins de bactéries…

— … Plus tard, en Égypte, j'ai vu le Nil et les pyramides, mais aussi des gens très pauvres qui espéraient tuer tout le monde avant d'être tués eux-mêmes.

— … En arrivant en Turquie, de méchants soldats voulaient tuer mon papa et ma maman…

— … Nous ne réclamions que de l'eau, maintenant, tous ensemble ! We need water ! We need it now ! Harambee ! We need water ! We need it now ! Harambee ! We need water ! We need it now ! Harambee !

Malcolm entoure d'un bras protecteur les épaules de la petite qui oscille entre les pleurs et la rage de vivre. La salle,

composée de journalistes, pour la plupart des vétérans
« durs à cuire », applaudit à tout rompre !

— We need water ! We need it now ! Harambee ! Merci
Danya… Voilà notre quête. Et l'Angleterre veut « noyer le
Chanel » ? Quelle stupidité incroyable et égoïste ! Je laisse
la parole à Arzu et Erkin.

Arzu est belle, fière, flamboyante, dans un costume de
brousse, et elle s'avance sur le devant de la scène, soutenu
par son mari. Elle prend la parole dans un anglais lent, mais
irréprochable, pour mieux se faire comprendre.

— Merci Malcolm… Notre Vague, la Deuxième, est partie
il y a quelques mois d'une injustice, d'un crime commis
contre un humble bucheron mandchou, Cœur de Feu. Un
officiel avait kidnappé sa femme, Fleur de Neige, pour en
faire son esclave sexuelle. Pour la libérer, il rejoint la résistance mandchoue, et son leader, Moustac. Je ne vous dirai
pas son vrai nom, à Moustac, il doit rester secret, mais je le
salue ici, pour l'Histoire ! Ensemble, ils vont libérer les esclaves, délivrer les femmes captives, et combattre l'APL.
Cœur de Feu et Fleur de Neige vont mourir à Tongliao, mais
en bataillant contre l'oppression et l'injustice. Ce sont nos
héros et ils resteront à jamais dans nos cœurs…

Après un instant émouvant, Arzu reprend son récit :

— Pendant ce temps, nous, les Ouïghours, avons profité
de ces combats pour relâcher le million d'otages qui mour-
raient à petit feu dans les « Camps de formation » officiels.
Ce fut l'opération de « la Grande Omelette ». Une action
cruelle, mais qui exprimait juste l'horreur des années de tortures, de viols et de violences que notre peuple a subies…

— … les combats… les marches forces dans la nuit… la
peur des embuscades, des mines, des avions… le froid et la
faim… l'amitié des peuples solidaires… la fuite vers l'ouest,
toujours plus vers l'ouest… L'Iran… Les femmes libérées !
Moustac qui retrouve l'amour avec une guerrière, Anahita…
notre arrivée à la frontière turque, les soldats, les bombes,
les pièges… La convergence avec la Troisième Vague… Et
nous voilà ici… Plus de quarante millions d'hommes et de
femmes, « Harambee », comme le disait tout à l'heure

Danya, travaillent ensemble, à réclamer la justice, la paix, un avenir meilleur…

Elle se tait et recule pour laisser la place à Malcolm. Le silence de la salle est pesant, mais un premier flash éclaire le visage en pleurs d'Arzu, et en déclenche des centaines d'autres et d'applaudissements.

— À présent, nous allons répondre à vos questions…

PARIS – FRANCE – 21/03 – MOIS 6

(Extraits du journal télévisé)

— (Gros plan sur la présentatrice :) La conférence de presse de Gaziantep en Turquie (carte et extraits muets de la salle de presse) a bouleversé la communauté internationale. Les millions d'émigrants des deuxièmes et troisièmes Vagues ont investi la Turquie, jusqu'au détroit du Bosphore (vidéo de populations accueillant les Ouïghours), à Istamboul (photos de la ville).

— … Pendant ce temps, la Grèce (carte, puis gros plan sur les soldats grecs arrivant dans les faubourgs d'Istamboul) profitant de sa victoire à Chypre et du chaos laissé par le départ du président turc en Chine, à investit la partie occidentale du détroit. Depuis la chute de Constantinople, en 1453 (carte ancienne et iconographie) la ville était partie intégrante de l'Empire ottoman, puis de la Turquie. Elle retrouve ainsi sa légitime place en Europe.

— … Le Gouvernement grec (vidéo muette) a fait savoir qu'il faciliterait la traversée du Bosphore à « Ceux de la Troisième Vague », ouvrant ainsi les portes de l'Europe à trente millions de migrants qui vont commencer dès demain à déferler vers les pays limitrophes (carte et flèche « d'invasion »), Roumanie, Bulgarie, Serbie, Kosovo, Monténégro, puis Croatie et Slovénie.

— … Les leaders de la Troisième Vague (photos de la conférence de presse) ont clairement fait savoir qu'ils iraient jusqu'à Londres pour que se déroulent des négociations concrètes sur la gestion nord-sud de l'eau, du climat, de la pollution.

— En retour, même si l'on sent que la pression publique tend à le faire fléchir, le Premier ministre britannique (vidéo muette de Harry tempêtant devant la porte de sa résidence) a réitéré sa menace de « noyer le Tunnel sous la Manche ».

— … Une réunion d'urgence du Commonwealth a été demandée par l'Afrique du Sud, soutenue par la totalité des pays de l'hémisphère sud et par l'Écosse et l'Irlande, qui déclarent vouloir sortir de l'Union en cas de refus des Britanniques d'ouvrir des négociations. Le « Royaume Uni » ne l'est plus vraiment.

— … Les leaders de la Seconde Vague ont précisé qu'ils ne dépasseraient pas les frontières orientales de la Turquie, sauf si la Troisième Vague était menacée militairement par des États européens « malveillants ».

— … Paris a fait savoir que la France se tenait prête à organiser une « Conférence internationale sur le Climat, l'eau, la pollution et les politiques d'immigration », déclenchant la colère générale des Extrêmes Droites européennes. Des manifestations sont prévues à Paris et dans les principales capitales.

Paris – France – 22/03 – Mois 6

(Extraits du journal télévisé)

— (vidéo de violences urbaines à Paris sur fond de croix nazies.) Violences cette nuit, autour des manifestations de l'Extrême Droite qui semble débordée par ses propres éléments. La police a dû intervenir pour faire cesser les chants nazis et le défilé de croix gammées. De nombreux blessés des deux côtés, et des arrestations en masse.

Paris – France – 23/03 – Mois 6

(Extraits du journal télévisé)

— (photo et vidéos muettes des violences de la nuit – le présentateur est en « voix off ».) L'armée, mobilisée sous couvert de Vigipirate, est intervenue après que les manifestants d'Extrême Droite aient produit des armes à feu et tiré en l'air dans les rues. Nous ne connaissons pas encore le bilan des affrontements, mais ce sont de véritables scènes de guerre qui ont été vécues dans les rues de la capitale : témoignage des habitants…

(Extraits du journal télévisé)

— (Image d'Istamboul en direct – Intervention d'un grand reporter.) C'est un moment historique, mesdames et messieurs : nous voyons les leaders des Deuxièmes et Troisièmes Vagues se serrer la main devant le pont international qui traverse le Bosphore. Arzu et Erkin ont déclaré qu'ils ne franchiraient la frontière qu'à l'invitation de la Grèce ou d'un autre pays européen, pendant que Malcolm, Ethan et la petite Danya, s'y engagent symboliquement à pied suivis des chefs des tribus africaines formant leur « conseil des chefs ». La masse des « marcheurs » les suit bientôt, dans une joyeuse pagaille de danse et de tambours. Ils savent tous que la fin du voyage est proche : la distance entre Istamboul et Paris n'est que de 1.800 km alors qu'ils viennent d'en parcourir près de 12.000, réalisant ainsi un exploit qui restera dans les annales de l'Histoire mondiale.

(Extraits du journal télévisé)

— (Vidéo en direct de la salle de conférence et « voix off » du présentateur.) La conférence nord-sud sur le climat, l'eau, la pollution et le rééquilibrage des forces va bientôt commencer par une intervention de Danya, la petite fille qui réclame de l'eau potable pour son township au Cap. Paris, sécurisé par l'armée, accueille aujourd'hui une centaine de chefs d'État, avec un absent remarqué, la Chine, qui proteste toujours contre la présence de la Deuxième Vague en Turquie. Ah ! Voilà Danya, accompagnée de Malcolm et Ethan (longs applaudissements et ovations de la salle, debout.) Danya prend le micro, et très calmement demande le silence. Elle prend la parole, sans papier ni prompteur et intervient en anglais…

— Mesdames et Messieurs… Vous, les présidents et les présidentes, les rois et les reines, les ministres, et tout ça ! (Rires dans la salle saluant la fraicheur juvénile du propos) Vous allez discuter pendant plusieurs jours. Une semaine m'a-t-on dit… Mais moi, je n'ai qu'une chose à vous transmettre : les enfants du monde entier vous regardent… Si vous parlez pour ne rien dire, nous le saurons. Si vous parlez pour ne rien faire, nous le saurons… Si vous faites semblant, nous le saurons… Arrêtez de ne rien faire ! Agissez ! Les peuples du monde entier vous le disent, la planète est toute petite : demain, s'il le faut, nous reviendrons, pour vous demander des comptes. Moi, j'ai vu des morts, sur la route, et des enfants mourir de faim dans les camps au Soudan, et cela m'a obligé à grandir trop vite. J'ai aussi vu des armes sur la route, alors s'il faut en ramasser une pour que vous compreniez la leçon, je referais 14.000 kilomètres pour venir vous le dire. Il n'y aura pas de deuxième chance. Nous avons besoin d'eau, maintenant, et tous ensemble, nous devons trouver des solutions ! « We need water ! We need it now ! Harambee ! »

Danya recule, et se jette dans les bras de Malcolm et Ethan. La salle se lève et reprend le slogan de la Vague en applaudissant !

SANTIAGO – CHILI – 01/04 – MOIS 6

— Ignacio, regarde ! Nous sommes à Santiago du Chili !

— Et l'armée nous laisse passer… Tu sais ce qu'il se passe ?

— Si j'en crois les journalistes, les autres Vagues ont gagné, en Europe. Et ils commencent à s'installer sur place. Donc les Américains sont obligés de nous laisser poursuivre. Ils l'ont dit aux Chiliens.

— Alors nous allons continuer ? Jusqu'à New York ?

— Jusqu'à New York !

WASHINGTON – É.-U. – 10/06 – MOIS 9

— Monsieur le Président, la Première Vague est arrivée au Canal de Panama !

— Mes foutus experts m'avaient pourtant dit qu'ils ne pourraient pas passer le no mans land !

— Oui, Monsieur le Président, la panaméricaine s'interrompt entre Turbo et Yaviza, au Panama, dans un secteur de forêt vierge contrôlé par les narcotrafiquants depuis des dizaines d'années. Personne ne peut passer, mais ils ont réussi. Ils ont défriché une route, en masse, ils sont plusieurs dizaines de millions de personnes, et se sont défendus contre les attaques des narcos. Ils ont gagné. Ils ont aussi récupéré beaucoup d'armes et d'argent. Si nous le voulons, nous pouvons symboliquement finir la panaméricaine en consolidant la route qu'ils viennent de tracer.

— Complètement fou cette histoire... Je vais réfléchir à cette possibilité de transaméricaine ouverte et terminée...

— Oui, Monsieur le Président...

— Et ils seront à nos frontières dans combien de temps ?

— Entre trois et six mois, à présent, selon la vitesse de marche et le soutien des populations locales.

— Qui est toujours aussi grand, je sais... Nous allons devoir négocier.

— Les Texans ne vont pas apprécier.

— S'ils protestent, nous les laisserons affronter douze ou quinze millions d'immigrés armés. Ils sont pragmatiques, et nous aussi : nous avons au moins trois mois pour préparer l'opinion publique et voir quelles solutions profitables nous pouvons tirer de ce chaos. J'ai des élections à gagner, moi !

— L'Europe s'est enrichie des flots de travailleurs. Une fois les oppositions calmées, ils ont réussi à s'en sortir...

— Même les Rosbeefs[60], oui... Je sais... Convoquez-moi une conférence avec les oppositions et les principaux responsables. Autant s'y mettre aujourd'hui !

---

[60] Les Anglais... en argot français.

Table des matières

PRINCIPAUX PERSONNAGES

(Par ordre alphabétique)

PERSONNAGES DE LA 1ᴱᴿᴱ VAGUE

Alejandro – médecin de la Vague – co-coordinateur du convoi des anciens.

Ana – Aide-comptable du convoi.

Augustina – femme de Joaquin.

Franco – chef des chasseurs.

Ignacio – organisateur des marcheurs – Leader de la 1re Vague après la mort de Joaquin.

Joaquin – le père – leader de la 1re Vague. Tué par un sniper.

« Le comptable » – Escroc.

Lucas – Chef des infirmiers.

Maria – Cheffe des cuisinières.

Marianela – Cheffe des pêcheurs.

Martin – chef des éboueurs.

Martina – Aide-comptable.

Mateo – Chauffeur.

Mauro – Chef des chauffeurs.

Mélina – Médecin de la Vague – co-coordinatrice du convoi des anciens.

Micaela – Épouse d'Ignacio – Cheffe des éclaireurs.

Natalia – Compagne de Santiago – Journaliste.

Pablo – Chef des porteurs d'eau.

Paula, cheffe des glaneurs-cueilleurs.

Père Tomas – prêtre.

Santiago – son adjoint – chauffeur routier.

Valentina et Benjamin – instituteurs.

PERSONNAGES DE LA 2ᴱ VAGUE

Anahita – Nouvelle compagne de Moustac – iranienne.

Arzu – épouse d'Erkin – Cheffe de la Résistance ouïghoure.

Ciel de Brume – chef d'escouade commando.

Cœur de Feu – Héros de la 2ᵉ Vague – mandchou.

Erkin – Chef de la résistance ouïghour.

Fleur de Neige – femme de Cœur de Feu – Héroïne de la 2ᵉ Vague – Mandchou.

Grégor – Chef de secteur Asie – CIA.

Loup Gris – Cousin de Fleur de Neige – Mandchou.

Moustac (voir Pigeon Hibou chinois).

Nian Zhen – Commandant de l'APL – Han.

Œil de l'Aigle – Journaliste.

Pigeon Hibou chinois, Hibou Moustac, Moustac – Chef de la rébellion, mandchou.

Quinshan – Capitaine APL – traduction : « Paysage de montagne aux teintes bleutées » – Surnom « petit malin ».
Silence de l'aube – Technicien électrique.
Silence de Lune – Ingénieure réseau.
Soleil d'hiver – Vieil homme sage.
Source de Printemps – Commando – mandchou.

PERSONNAGES DE LA 3^E VAGUE

Amaury – Conseiller du Président Lawrence.
Danya – Enfant lanceur d'alerte.
Ethan – journaliste – compagnon de Malcolm.
Malcolm – enseignant – leader de la Vague.
Melkiory – Colonel Tanzanien.
Thandwa – chef de tribu swazi – mari de Zama.
« We need water ! We need it now ! Harambee ! » – Drapeau, devise de la 3e Vague : « De l'eau ! Maintenant ! Travaillons tous ensemble ! »
Zama – cheffe de tribu swazie – épouse de Thandwa.

PERSONNAGES OFFICIELS

Abdülhamid – Président de la République de Turquie.
Abdullayeva – Correspondant militaire ouzbek auprès de la force d'intervention alliée.
Aksana – Pilote russe – Commandante BBC.
Axel – Président de la République Française.
Charlie – Copilote français de EC775 – Capitaine.
Christine – Pilote Française de EC665 – Commandant.
Dewei – Général d'aviation chinois.
Farhod – Président du Turkménistan.
Fiodor – Général commandant les forces aériennes russes au Tadjikistan.
François – Général d'aviation français – Commandant de la base aérienne de Tachkent.
Hafez – Président de la République Arabe Syrienne.
Harry – Premier ministre anglais.
Huáng Yǔháng – Chef d'état-major général de l'APL.
Hui Jin – Général de l'APL – Han.
James – Honorable maire du Cap.
Jean-Pierre – Copilote français de EC665 – Capitaine.
John – Pilote américain – Commandant US Air Force.
Kokhir – Président du Tadjikistan.
Lawrence – Président RSA.
Marc – Pilote français de EC775 – Commandant.
Matthew – Général commandant les forces aériennes américaines au Tadjikistan.
Ming-yue – Remplaçante de Huáng Yǔháng, nouvelle Cheffe d'état-major général de l'APL.
Piotr – Pilote russe BBC.
Sebastian – Président argentin.

Séthi – Commandant la force Militaire d'Assouan.
Vladimir – Président de la Fédération russe.
William – Président des É.-U. – 4e de son prénom.
Zhang – Secrétaire Général du PC chinois, Président de la République Populaire de Chine.

Chengdu J20 – Avion de chasse lourd chinois.
EC665 – Hélicoptères de combat français.
EC775 – Hélicoptères de transports de troupes français.
F22 Raptors – Avion de chasse lourd américain.
F-4E Phantom II – Avion égyptien d'origine américaine.
FGM-148 Javelin ATGM – Missiles portables antichars de conception américaine et de type « tire et oublie ».
Hongjian HJ-12g ATGM – Missiles portables antichars à guidage laser de conception chinoise et de type « tire et oublie ».
IAI Kfir C-12 (« lionceau » en hébreu). Chasseur-bombardier israélien, basé à l'origine sur la structure du Mirage 5 français.
J11 – Avion de chasse léger chinois.
MI–35 Hind E – Hélicoptère d'attaque et de transport de l'armée de l'air afghane de conception russe.
Mig 21 – Avion de chasse de l'armée égyptienne d'origine russe.
Rafale – Avion de chasse polyvalent français.
Soukhoï SU-35 – Avion de chasse lourd russe.
T54 – Chars de combat moyen de 36 tonnes d'origine soviétique. L'armée afghane en possèderait 600.
T62M – Chars de combat moyen de 40 tonnes d'origine soviétique. L'armée afghane en possèderait 150.
Tigre – Eurocopter EC665 Tigre – Hélicoptère d'attaque franco-allemand.

(Hors plusieurs nouvelles publiées indépendamment)

Alain Avanthey
Bibliographie

Des univers littéraires vivants

Conte écologique
Road Movie
Erotisme
Poésie
Saga Historique
Tutorat
Management
Dystopie
Fantastique
Nouvelles technologies

Merci à mes lectrices et à mes lecteurs!
Merci de partager, vous êtes ma seule publicité
Retrouvez ma page auteur sur Amazon
Brochés de 10 à 20€
Format électronique : 3€